子どもも保護者も愛読者にする

小学校4・5・6年の楽しい学級通信のアイデア48

蔵満逸司 著

中学ニュース　16　元気中学校の部活情報

元気中FC　決勝トーナメント出場決定！

野口さんのお兄さん（中3）は，元気中FCのゴールキーパー。
応援に行った野口さんからの情報です。
昨日の試合で，クラブチームのロイヤルグリーンFCに逆転で勝ち，来週から開催される，湯湾岳杯の決勝トーナメント出場が決まりました。
素晴らしいですね。
野口さんのお兄さんはスタメンで出場。相手に先制点を許したものの，後はゴールを守り抜き，3対1での勝利にこうけんしたそうです。

黎明書房

はじめに

　学級通信には学級児童数の7倍の読者がいると，初任校で先輩教師に教えられた。
　本人，兄弟，親，祖父母まで入れるとそれぐらいにはなるという計算だった。
　先輩は，学級通信の読者数はテレビの視聴率のようなもので，人気があれば7倍に増える。そうでなくても2倍か3倍の読者はいるよと話を続けた。
　教師になって25年になる。
　読まれる通信を書きたいと思い努力してきた。
　今回，本書を書くにあたり，製本してある過去の学級通信を読み返した。
　赤面するものもあった。懐かしくて涙ぐむものもあった。
　学級通信がただの連絡が書いてあるだけのものではなく，ひとつの学級ですごした子どもたちを中心にした，たくさんの人たちの思い出が詰まっている記録なのだと再確認した。

　本書には，子どもも保護者も愛読者にする，小学校4・5・6年の楽しい学級通信のアイデアを48紹介した。
　年に1回なら，こんなアイデアもという提案を積極的にさせていただいた。
　左ページに具体的な作成手順を，右ページには具体例やコピーして使えるワークシートを掲載した。

やってみたいと思うものをぜひ試していただきたい。

通信に一工夫加えるだけで，保護者や子どもたちの反応が楽しみになる。いい反応があると，学級通信を書くことが今まで以上に楽しみになる。

読者の学級通信作りに，少しでもお役に立てたら幸いである。

黎明書房編集部の村上絢子さんには，大変お世話になりました。心から感謝します。

中村健一さんのおかげで本書は生まれました。

原田珠代さん，竹中寛之さんには，いろいろなアドバイスをいただいたり，資料を提供していただきました。

大歩さんと明翔さんの協力にも感謝します。

ありがとうございました。

　　2011年5月1日

　　　　　　　　　　　　　　　　　　　　　　　　　　　　蔵満逸司

目　次

はじめに　1

1　創刊号で強烈自己アピール　6
2　「こんな先生だったらいいな」アンケート結果発表　8
3　ゲストティーチャー通信　10
4　旧担任からのメッセージ　12
5　マイ教室マップ　14
6　誕生日特集号　16
7　テスト計画はしっかり予告しよう　18
8　どれぐらい聞いてるかな？　20
9　子どもリクエスト　22
10　学習クイズで盛り上がろう　24
11　リレー作文で行事報告　26
12　クラスキャラクター登場　28
13　転入生大歓迎号　30
14　点字通信　32
15　学級PTA通信　34
16　専科通信　36
17　テスト対策通信　38
18　おもしろ授業広告　40

19	家庭訪問特別号	42
20	郷土料理を話題にしよう	44
21	CD写真集と肖像権	46
22	校内樹木を話題にしよう	48
23	ローマ字通信	50
24	QRコードをかしこく活用	52
25	ちらしのようなイベント案内	54
26	けしゴムスタンプ	56
27	〜さんがほめてました	58
28	教師の子ども時代	60
29	教師と子どもの往復通信	62
30	通信で熱く語る	64
31	校内生き物案内	66
32	記念日通信①　1学期	68
33	記念日通信②　2学期	70
34	記念日通信③　3学期	72
35	記念週間	74
36	中学校ニュース	76
37	教師入れ替わり通信	78
38	給食の味通信	80
39	追悼の授業	82
40	楽しかった授業	84
41	算数の基本的な解き方を紹介しよう　かけわり図	86
42	子どもからの告知コーナー	88
43	子どもたちが夢中になっているもの	90
44	授業参観感想特集号	92
45	やってみたくなる通信	94

46 子ども版学級通信　96

47 英語のメッセージ　98

48 応募可能な公募・参加できるイベントを積極的に案内しよう　100

1　創刊号で強烈自己アピール

学年の始まりには，子どもたちや保護者に安心感を与えると同時に，興味を持ってもらえる自己紹介をしよう。

完成まで

① 教師としての経歴を書く。

教師を志した理由，過去に勤務した学校，担任や専科の経験など。

担当する学年の指導経験がある場合は，その時のエピソードを少し書く。

② 個人的な経歴も書く。

ボランティア活動など社会的な活動の経験があれば，短期間のものでもいいので書く。

スポーツや文化活動，収集しているものなど趣味についても，簡単に触れる。

ここで書いたことは，保護者に強い印象を与え，学級PTA，家庭訪問，保護者教育相談などで，話題になることも多い。

担当する学年の教材に関係のあるエピソードを，旅行や趣味の中から見つけて書く。私の場合，4年生では勤務した市町村のこと，5年生では日本一周の経験，6年生では世界一周の経験について書くことにしている。

もっと楽しむためのアイデア

・自分が小学生だったころの写真を掲載するのも面白い。

わっはっは

創刊号　〇〇〇〇年4月〇日
元気町立元気小学校6年2組学級通信

こんにちは！
蔵満逸司（くらみついつし）です。
希望して6年担任になりました。
1年間、よろしくお願いします。

- 6年生で学ぶことは，生きていく上でとても役に立つことばかりです。そして，とても面白いことばかりです。
- 勉強することの楽しさを子どもたちと共有したいと思い教師になりました。
- 盈進小が初任で，市比野小が2校目，寿北小が3校目，そして4校目が元気小になります。
- 県内で住んだことがあるのは，大口，隼人，円，加治木，宮之城，垂水そして元気です。
- 現住所は，元気町元気150の7です。
- 年齢は，32歳。1961年11月7日生まれです。
- 趣味は，写真撮影，旅行，童話創作，動物のフィギュアと切手収集です。
- 夢中になった歌手は，天地真理，ジョン・デンバー，クイーンです。
- 夢中になった小説家は，五木寛之，星新一，アガサ・クリスティです。
- 見るのが好きなスポーツは，サッカーです。
- 10年ほど前から，エイズボランティアをしています。性教育を勉強する中で，活動に参加するようになりました。

学級通信は，印刷会社に依頼して3月末に製本します。
希望される方は，折り曲げずに，このまま保存してください。
製本する時は実費300円程度が必要です。

2 「こんな先生だったらいいな」アンケート結果発表

　学級開きで自己紹介をする前に、「こんな先生だったらいいな」アンケートをとり、集計して通信で紹介しよう。

・完成まで・

① 子どもたちとの出会いの日、自己紹介をする前にアンケートをとる。
　内容は、「蔵満先生は、どんな先生だったらいいと思いますか？　3つまで書けます」など。

② 集計したものを、翌日の通信に掲載する。

③ コメントしたいものがあれば、簡単にコメントを書くが、子どもたちの意見に対して何かを約束するとか、何かを否定するとかはしない。
　子どもたちの素直なリクエストを素直に聞き、ゆっくり考える。

もっと楽しむためのアイデア

・教師側の願いとして、「こんな○年生だといいな」をテーマに、話をしてもいい。
　人を傷つけない、約束を守る、夢や目標を大切にするなど、自分の教育方針と関係づけて、まだよく知らない子どもたちに話をする。

・学年末に、子どもたちのアンケート結果をもう一度掲載して感想を書かせると、教師自身の評価として意義がある。

アンケート用紙

蔵満先生が,「こんな先生だったらいいな」アンケート。
よく考えて,書いてください。3つまで書けます。

完成原稿

こんな先生だったらいいな

アンケート集計　4月6日実施　38名

女子	20名	男子	18名
・授業中,冗談を言って欲しい	9	・昼休み遊んで欲しい	8
・明るい先生・活発な先生	9	・学校に遊び道具を持ってきていい	7
・勉強をわかりやすく教えて欲しい	8	・明るい先生,冗談も言って欲しい	7
・相談にのってくれる先生	7	・叱る時はきつく叱って欲しい	5
・えこひいきをしない,差別しない	6	・宿題を少なくして欲しい	5
・昼休み一緒に遊んで欲しい	6	・勉強をわかりやすく教えて欲しい	4
・早朝サッカーをして欲しい	3	・やさしい先生	4
・叱る時はきつく叱って欲しい	2	・あまり怒らない先生	3
・席替えの回数を増やして欲しい	2	・男女差別をしない	1
・授業と休み時間の区別をして欲しい	2	・えこひいきしない	1
・少しのことで怒らない	1	・体育でサッカーをたくさんさせる	1
・大きな声で話して欲しい	1	・授業が早く終わったら宿題をしたい	1
・子どものけんかに口を出さないで	1	・いろいろなことを教えて	1
・あまりきまりを作らないで	1	・運動神経がいい先生	1
・パーティーをしたい	1		
・シャープペンシルを許可して欲しい	1		

3　ゲストティーチャー通信

　ゲストティーチャーとの交流は，その場限りにならないように心がけ，通信を活用しながら，出会いからその後までを大切にしよう。

●完成まで●

① ゲストティーチャーとの授業は，サプライズ企画の場合以外は，事前に通信で保護者にも予告する。

　場所と時間を知らせ，参観が可能であることを強調する。

② 教師として，ゲストに聞きたいことを3つ以上は考えておく。

　子どもたちからの質問が出なかった場合にそなえ，授業の中で質問できるように準備をしておく。

　場合によっては，授業の後に追加でインタビューをする。

③ 授業の様子を通信にまとめる。

　通信には，講話中のゲストティーチャーの写真と話のポイント，追加インタビューの質問と答えを載せると，保護者にもポイントがつかみやすくなる。

　子どもたちの感想も入れる。

もっと楽しむためのアイデア

・ゲストティーチャーは，学級の名誉先生として大切にしたい。
　年末には，学級代表として担当の子どもに年賀状を書かせ，もし返信があればまた通信で紹介しよう。

ゲストティーチャー通信

・企画決定

ゲストティーチャー通信
写真家　立瀬南さん　1

　写真家の立瀬さんが，6年4組で，カメラを通して出会った尊い命の話をしてくださることになりました。
11月15日の14時から2時間です。

　　立瀬さんのプロフィール
　　　大学卒業後，東京の広告代理店に10年勤務。そこで学んだ撮影技術が認められて報道カメラマンに転身。命の価値が問われる現場での感動を表現した写真が高く評価されている。

・事前のやりとり

ゲストティーチャー通信
写真家　立瀬南さん　4

　前回紹介した立瀬さんからのメールに，写真と宿題がついていました。
　　　　「この写真にタイトルをつけてください」
　今日の日記の代わりに，この宿題をやってください。タイトルなので，1行でいいと思います。先生も楽しみです。みんなのつけたタイトルは，貼り合わせてFAXで立瀬さんに送ることになっています。

・その後のやりとり

ゲストティーチャー通信
写真家　立瀬南さん　12

　保護者の方もたくさん参加された，立瀬さんの感動の授業から3ヵ月。
　先日届けた，卒業文集と本坊さんが書いた手紙に，返事が届きました。
　授業の2時間だけでなく，メールや手紙のやりとりなどで立瀬さんから学んだことは，忘れられない貴重なものになりました。
　6年4組名誉先生第5号として子どもたちを見守ってくださいました。
　いただいた手紙をそのまま印刷しました。読まれて，もし返事を書かれる場合は，メールで直接お願いします。

4　旧担任からのメッセージ

子どもたちの旧担任のうち，転勤された教師に依頼して，子どもたちへのメッセージを書いてもらおう。

完成まで

① 子どもたちの旧担任に依頼し，子どもたちを元気づけるメッセージを書いてもらう。

　そのまま学級通信に掲載できる書式で依頼する。

② 5年生なら歳の祝い，6年生なら卒業式などのイベントがあり，旧担任にメッセージをもらう機会があるので，その時期をずらして，別の時期に依頼する。

③ 子どもたちの旧担任全員だと多いので，転勤先が遠い方，育児休暇をとっている方，退職された方など数人に依頼する。

　遠い場所の情報や赤ちゃんについての話，別の職業などについて書いてもらうと，子どもたちにとっては新鮮な情報になり，喜ぶ。

もっと楽しむためのアイデア

- 複数クラスの学年なら，学年として依頼して，学年便りに掲載するのもおすすめだ。
- 教育実習生が来た年は，実習期間中に，切手を貼った返信用封筒を添えて，学級通信用の原稿を依頼しておこう。

　2月上旬に締め切りを設定し，大学などで勉強を頑張っている様子などを書いてもらおう。

牧田先生からのメッセージ

4年生のみなさん，こんにちは。
牧田孝典（まきたたかのり）です。
おぼえているかなあ。
1年3組の担任としてみんなと出会い，1年間楽しくすごさせてもらいました。
みんなが，2年生になる時に，栄島にある栄小学校に転勤したので，それっきり会っていませんね。
みんなの活躍の様子は，学校のホームページや蔵満先生たちからのメールでよく知っています。
10日後の学習発表会では，地元の昔話をもとにしたミュージカルをするそうですね。
ビデオを見せてもらうことになっています。
とっても楽しみです。
頑張ってください。
それでは，いつかまた会う日を楽しみにしています。

　　　　　栄小学校　牧田孝典

栄島情報　栄島は人口680人，元気町からだと，車で2時間の第一港から船に乗って4時間，計6時間の場所にあります。
ミカン栽培，肉牛の飼育，漁業が盛んな島で有名です。
栄小学校の児童は全部で38人。牧田先生は，栄小学校の1・2年の担任をしています。
とっても元気で頑張っているそうです。
みんなが，立派な4年生になったことを，先生からもお話ししておきますね。

5 マイ教室マップ

参観日当日の通信には，子どもそれぞれが教室の掲示物の説明などを記入した教室マップを載せよう。

•完成まで•

① 教室の机やいすなどの配置図を書く。

配置図の原本を保存すると1年間使える。

最初は大変だが，パソコンで作成すると便利である。

② 子どもたちに，自分に関わりのある掲示物の説明を記入させる。

自分の作品のある場所を矢印などで目立つようにし，どんなテーマの作品なのかなど，コメントを記入させる。

委員会活動で作った掲示物がある場合は，アイデアを出したのか，作ったのかなど，本人の関わり方を具体的に記入させる。

③ この通信は，参観日特別号になる。

当日，教室の廊下に置いておき，保護者に取ってもらう。

子どもに自分の名前を大きく記入させた，再利用の封筒に入れておくとよい。

もっと楽しむためのアイデア

- 早めに原稿を準備し，子どもたちに色を塗らせたり，裏に好きなイラストを描かせたりすると，よりもらってうれしいマイ教室マップになる。

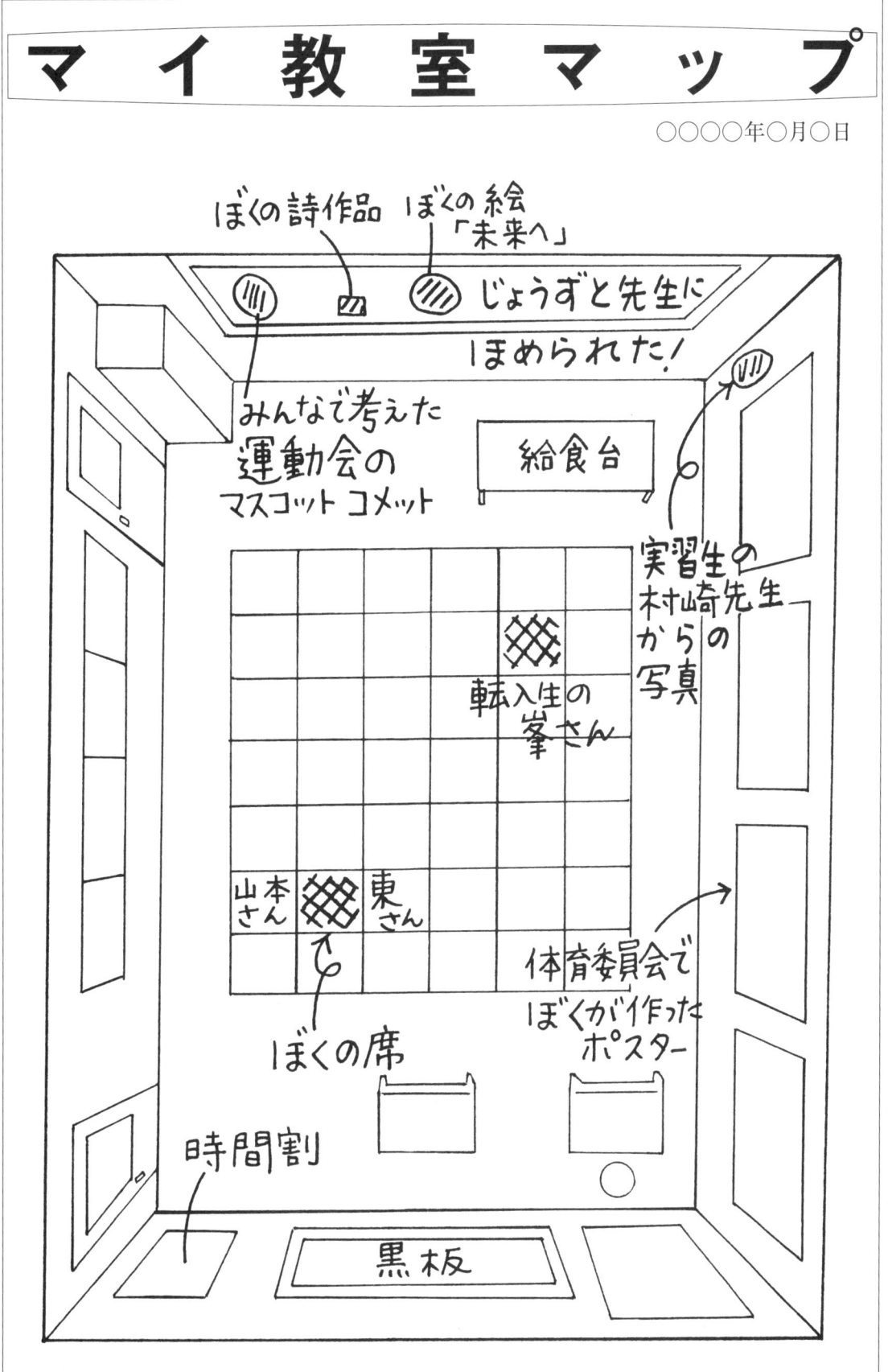

6　誕生日特集号

誕生日特集号を出そう。誕生日の子のいいところをみんなで見つける1日にしよう！

・完成まで・

① 誕生日は一大イベント。

宿題なし，座る席自由，給食での牛乳乾杯，たいていのことでは叱られないなどの特典をたくさん用意しよう。

そして最後のプレゼントが誕生日特集号である。

② 数日前から準備する。

写真を撮る。本人の選んだ日記または新しく書いた文章を清書させる。その子のいいところを同じ班の子たちに書いてもらう。

③ 帰りの会で配る。

本人には，白黒の通信に加えて，カラーで印刷した通信1部と，祖父母などにあげるための予備を2部追加でプレゼントする。

もう一度みんなでおめでとうを言って誕生日のお祝いを締めくくる。

もっと楽しむためのアイデア

- 小さい折り紙を全員に配って，本人の似顔絵といいところを簡単に書かせ，写真や本人の文章と貼り合わせて印刷すると，とても立派な誕生日特集号ができあがる。

パワフル

5年3組学級通信
○○○○年○月○日

おめでとう 誕生日 大坪健太さん

森山良介 作

※実際は顔写真も入れるとよい

大坪健太さんのいいところ

- とってもおもしろい ゆう太
- 親切！ 信
- 負けずぎらい いい意味で みどり
- 給食を全部食べる 真美
- 宅日のかけ足をがんばる。ひろみ
- 宿題をちゃんとしてくる 蔵満先生

サッカーの試合

十八日は、大事なサッカーの試合でした。ぼくは応援をがんばるつもりでした。だから、がんとくが「大坪、行け！」と言ってくれたのが、とてもうれしかったです。練習をこれからもがんばります。

7　テスト計画はしっかり予告しよう

少なくとも1週間以上前には，テスト予告を通信に載せよう。

完成まで

① テストを一定期間前に予告するのは，学力向上に効果的である。

必要な情報は，日時とテスト範囲だ。

目標があると勉強する意欲が高まる。

抜き打ちテストは小テストだけにしたい。

② 保護者が子どもと勉強をするきっかけを作るため，テスト予告を通信に載せ，保護者にも伝えよう。

いつも子どもの勉強を見ている保護者にとっては，焦点を絞った指導ができるので重要な情報になる。

③ 学期末には，なるべく長期間の時間割を作り，予定しているテストを全部書き入れる。

計画を早く立てると，テストをまとめて行わないですむ。

テストは1日最高1枚の原則を立てると，子どもたちが復習しやすくなる。

もっと楽しむためのアイデア

- 私の場合，学期末は3週間から4週間分の授業・テスト計画を出す。変更があった分を修正し，毎週末に最新版を出す。
- 学期末の学級レクリエーションは，実現できない場合マイナス効果になるので，予定には控えめに入れる。

1ヵ月時間割例

ネットワーク89　元気小5年4組　　　　　　　　　　　　　　　学級通信
〇〇〇〇年2月10日

1　予定です。変更することがあります。
2　卒業式関係の予定は一応の目安です。何時間目にあるかはまだ計画が決まっていません。
3　テはテストです。国テは国語のテスト，数字は教科書のページです。

日(曜)	朝の活動	1	2	3	4	5	6	その他
12 木	容儀検査	理 てこ	理テ30〜41 てこ	算 割合	国テスキル10 作文仕上げ	図 続く絵	絵の具他	
13 金	朝の読書	国テ読む6 詩	体 サッカー	パソコン 3の3と…	社テ26〜35	算 割合	国 詩	
16 月	クロッキー	算 割合	家	国テ50〜81 詩	道	学	なし	
17 火	全体朝会	国テスキル11 硬筆	社 バイオファーム	社	算 割合	体 サッカー	なし	
18 水	体力づくり	体 サッカー	家	国　文集 パソコン	国テ書く6	国 読書	クラブ	給食費集金
19 木	容儀検査	理 おもり	理 おもり	算テ46〜62 割合	国テスキル12 言葉と気持ち	なわとび大会		
20 金	朝の読書	算 分数	体 サッカー	国テスキル13 文集	交通教室	国テ読む7 言葉と気持ち		
23 月	クロッキー	算 分数	家	国テ82〜88 リレー物語	道	学	なし	
24 火	児童集会	国テ読む7 硬筆	社 ガソリンリサイクル	社36〜43 電気自動車	算 分数	体 サッカー	?	
25 水	体力づくり	体 サッカー	家	国テスキル14 リレー物語	算 分数	国 読書	クラブ	
26 木	容儀検査	理 おもり	理 おもり	理 おもり	理　国 おもり　書く7	図	図	
27 金	朝の読書	算 分数	体 サッカー	音	社テ44〜57	算 分数	国 リレー物語	
2 月	クロッキー	算64〜73 分数	家	国テスキル15 敬語	道	学	なし	
3 火	音楽集会	国テ読解 学年末テスト	社 再生紙,絶滅動物	社　森林破壊，ラムサール，世界遺産	算 まとめ	体 表現	?	
4 水	体力づくり	体 表現	家	理テ学年末① 国89〜97	音	国　1分間スピーチリハーサル	クラブ	給食費集金
5 木	容儀検査	理 おもり	理テ学年末②	算 まとめ	国 月夜のみみずく	参観　国テ話す 1分間スピーチ	学級PTA	
6 金	朝の読書	算 まとめ	体 跳び箱	音	社テ学年末②	国 月夜のみみずく		
9 月	クロッキー	算テ74〜78	家	国テ言葉,漢字②	道	学	なし	
10 火	学年集会	国 毛筆	社　環境サミット，グリーンマーク	社　ナショナルトラスト，自然保護活動	算テ80〜86	体 跳び箱	委員会	
11 水	体力づくり	体 跳び箱	家	理テ42〜52	音	パソコン	クラブ	
12 木		おわかれ遠足						
13 金	朝の読書	算 まとめ	体 跳び箱	音	社テ58〜74	算 まとめ	国	
16 月	なし	算 まとめ	家	国テ言葉,漢字②	道	学	なし	
17 火	なし	国 まとめ	社 予備	社 予備	算 まとめ	体 予備	なし	
18 水	なし	体 まとめ	家	算 まとめ	音	卒式練習	クラブ	
19 木	なし	予備	算 まとめ	算テ学年末	予備	卒式練習		
20 金	なし	予備	予備	卒式予行	卒式予行	予備	予備	
23 月	なし	予備	予備	予備	予備	卒式準備		
24 火		卒業式　給食なし						
25 水		終了式・大掃除　給食なし						

8　どれぐらい聞いてるかな？

全校朝会での学校長の話をどれぐらい聞いているかを調べて，子どもたちの聞く力について考えてみよう！

完成まで

① 5月か6月，全校朝会で学校長が，ひとつのまとまった話をされた時に，実施する。

② 全校朝会が終わり教室に帰って子どもたちが席に座ったら，紙を配る。
「校長先生の話の要点を書きなさい。そして，自分の考えも書きなさい。」

③ 結果をABCで評価し，表にまとめる。
　A　話の要点を全部覚えている。自分の考えも書いている。
　B　話の一部は覚えている。
　C　ほとんど何も覚えていない。

④ 学校長に，子どもたちに書かせた用紙と集計結果を持っていき，コメントをいただく。

⑤ 教師の考えを加えてもよい。

もっと楽しむためのアイデア

・月に1回実施すると，一生懸命に聞く態度が見られるようになる。メモをする子どもも見られるようになる。

人の話を聞いている？

月曜日の全校朝会で，校長先生が，とてもいい話をしてくださいました。
教室に帰ってすぐに，紙を配りました。そして問題を出しました。

「校長先生の話の要点を書きなさい。
　そして，自分の考えも書きなさい。」

---

① 落ち葉はゴミではなく自然からのプレゼント。肥料にもなるし，美しい。（私はイチョウの落ち葉が大好きです。）
② 校庭を歩くと発見するものがたくさんある。（やってみます！）

宮田ゆみさん

ナンキンハゼ，イチョウ，イロハモミジの葉を見せながら自然の中にある美しさについて話してくださいました。
（今まで考えたこともなかったのでおもしろいなあと思いました。）

吉川和行さん

全員の結果を評価してみました。

		男子	女子
A	話の要点を全部覚えている。自分の考えも書いている。	3人	10人
B	話の一部は覚えている。	6人	4人
C	ほとんど何も覚えていない。	9人	2人

この結果を学校長に見てもらいました。
心やさしい校長先生からのお手紙です。

5年4組のみなさん　こんにちは
　全校朝会では，暑い中，長い時間話を聞いてくれてありがとうございます。みなさんの感想を読んで大きなショックを受けました。もっとわかるように話をしなければと反省しています。この次は，心に響く話をしたいと思います。今度はしっかり聞いてください。1年生にも6年生にも，わかるように話すので，上級生には少し物足りないかもしれませんね。
　命を大切にする，自分を大切にする，そして他の人も……。私たちが学んでいるのはこのためです。クラスのみんなが仲よく楽しい毎日をすごしてくれることを期待します。
　　　　　　　　　　　　　　　　　　　　　　校長先生より

9　子どもリクエスト

学年途中で，子どもたちに教師へのリクエストを書いてもらおう。通信で，その1つひとつに真剣に答えよう。

完成まで

① 教師へのリクエストについて説明する。
「先生へのリクエストを募集します。よく考えて書いてください。真剣に書いたものなら検討します。学校のきまり，先生の考えもあるので，『できない』『しません』という回答もあるでしょう。でも，すぐにできることや試してみようと思うことがあるかもしれません。名前の書いてないものは読みません。締め切りは12月20日夕方5時。投票箱の横に置いてあるリクエスト用紙に書いて入れてください。」

② 一度全員に説明した後は，締め切りがすぎるまで何も言わない。
書きたい子どもだけでよい。

③ 締め切りの時間に回収し，検討する。
締め切り以降のリクエスト用紙は受け取らない。

④ リクエストと回答をまとめた通信を発行する。
リクエストをした本人による反論と修正案の提案を歓迎することを伝える。

もっと楽しむためのアイデア

・テーマによっては，学級会で提案してもらい，子どもたちに検討してもらう。

子どもリクエスト

5年4組学級通信 ○○○○年1月8日(木)

先生へのリクエスト 結果と先生の考え

1 **学年末にレクリエーションをしたい**　19人→みんなが熱心に勉強すると実現します。
　具体的に書いてあったもの……
　　調理を学級でしたい（1人）→くわしい案をください，検討します。
　　学級対抗甲子園をやる（1人）→くわしい案をください，検討します。
　　最後の2日間レクリエーションをしたい（2人）→無理です。
　　最初の日と最後の日にしたい（1人）→最初の日に1時間はできます。
　　テントで寝る，きもだめしがしたい（1人）→難しいと思うよ。寒いし。先生だけでは決
　　　　　　　　　　　　　　　　　　　　　　められないことです。

2 **席替えについてのリクエスト**　9人
　　あかずきんちゃん席替え（6人）→次の席替えはこれでやってみましょう。結果がよけれ
　　　　　　　　　　　　　　　　　ば時々しましょう。
　　好きなところに席替えしたい（2人）→先生は，いろいろな人とふれ合って協力したりけ
　　　　　　　　　　　　　　　　　　　んかしたりして成長して欲しいと思っています。
　　　　　　　　　　　　　　　　　　　好きなところに席替えするようにすると，親しい
　　　　　　　　　　　　　　　　　　　人とばかり座ることになるのではと心配です。だ
　　　　　　　　　　　　　　　　　　　から，このリクエストにはいいよと言えません。
　　　　　　　　　　　　　　　　　　　でも一度はしてみることにします。

　　女子同士座りたい（1人）→上にも書いたことと同じで賛成できません。一度は好きなと
　　　　　　　　　　　　　　ころに座る席替えをするので，その時に女子同士で座ってみ
　　　　　　　　　　　　　　てください。

3 **その他のリクエスト**　それぞれ1人ずつ
　① 雨の日にトランプやウノを持ってくること→みんながよければOKです。
　② 宿題を1週間に1度は休みにすること→今もだいたい日曜日の宿題はないと思うけど
　　　　　　　　　　　　　　　　　　　　……。みんなが宿題をしっかりやってくるな
　　　　　　　　　　　　　　　　　　　　ら，考えてみます。
　③ 毎日体育をやって欲しい→残念ながらできません。体育の授業時間数は法律で決めて
　　　　　　　　　　　　　あるので，先生が勝手に増やすことはできないのです。
　④ 丸1日自分の好きなことをしたい→難しいと思います。1日だけ5年4組の子どもた
　　　　　　　　　　　　　　　　　ちだけで好きなことをすることはとても難しいこ
　　　　　　　　　　　　　　　　　とです。もう少し具体的にどんなことをしたいの
　　　　　　　　　　　　　　　　　か教えてくれたら，少しは実現するかもしれない
　　　　　　　　　　　　　　　　　よ。1日校庭で遊んでいたいと言われても，それ
　　　　　　　　　　　　　　　　　は日曜日にでもどうぞとしか答えられません。
　⑤ 宿題を出して欲しい→なるべくそうします。
　⑥ 学級文庫の本を増やして欲しい→そうだね。でも，難しいな。みんなに呼びかけてい
　　　　　　　　　　　　　　　　　らなくなった本を持ってきてもらうぐらいしかでき
　　　　　　　　　　　　　　　　　そうにありません。学級に本がもっとたくさんあっ
　　　　　　　　　　　　　　　　　たら素敵だろうね。

いつでもリクエスト待ってます！

10　学習クイズで盛り上がろう

　クイズで，学習していることに興味を持ってもらったり，親子の話題にしてもらおう。

完成まで

① クイズを作成する。

　○×クイズか3択クイズが取り組みやすい。

　真面目な問題だけでなく，少し横道にそれた問題を入れたり，3択の中に絶対に違うとわかるお笑い解答を混ぜると面白い。

② 通信に問題を掲載する。

③ 次の通信に問題と解答と解説を掲載する。

もっと楽しむためのアイデア

・通信の下に切り取り線を入れ，「よかったら回答を持たせてください」と呼びかける。

　全問正解の場合は，名前を通信に載せる。ペンネーム可としておくと抵抗が少ない。

〔参考になる本〕

『42の出題パターンで楽しむ痛快社会科クイズ608』『クイズの出し方大辞典付き笑って楽しむ体育クイズ417』（蔵満逸司・中村健一著，共に黎明書房），『42の出題パターンで楽しむ痛快理科クイズ660』（土作彰・中村健一著，黎明書房）

わっはっはのクイズチャレンジ　第1回　問題編

この地図記号は何でしょう？

① 世界遺産に指定されている歴史的建造物
② 観光客用の休憩所
③ 博物館

わっはっはのクイズチャレンジ　第1回　解答編

正解は③です。博物館の地図記号です。
こんなの習った記憶がないなあとつぶやかれた保護者の方！
その通りです。この記号は平成14年に新しく作られた地図記号なんです。
正確には博物館法に定められた博物館の記号でした。

わっはっはのクイズチャレンジ　第2回　問題編

次の中で4で割り切れる数字はどれ？　暗算以外は禁止です。

① 409182493977836
② 444444444444401
③ 100024827163438

わっはっはのクイズチャレンジ　第2回　解答編

正解は①です。
100が4で割り切ることができるので，下二桁が00の整数は，全部□×（25×4）で表せます。4をかけているので，必ず4で割り切ることができます。ということで，下二桁が4で割り切ることができるかどうかを判断すればいいことになります。3択の中では①だけが「36÷4＝9」と割り切れるので正解になります。

11　リレー作文で行事報告

子どもたちのリレー作文で，すばやく，くわしい行事報告を完成させよう。

完成まで

① 行事の準備段階から完成までを，子どもの人数に合わせて分割して項目を立てる。
② １項目あたりの書式（○○文字×○行）を決める。
③ 子どもたちの希望と活躍した部分を考慮しながら分担を決める。
④ 子どもたちに執筆させる。
　です・ます調で書くこと，主語をはっきり書くこと，数字で書けることは友だちに聞いたり，資料で調べてはっきり数字で書くこと，１文を短くすることを指導する。
⑤ 校正し，順番に貼りつけて通信として発行する。

もっと楽しむためのアイデア

- 手書きも味があっていいが，練習としてパソコンを使って入力させるのもよい。
データだと，簡単に編集して活字の通信が完成するし，個人名などを出さなければ，学級のホームページで公開することもできる。

リレー作文『修学旅行』 第二回　いよいよ出発

⑦ 出発式・教頭先生のお話

　中庭に全員がそろって、出発式が始まりました。丸山校長先生は、私たちと一緒に修学旅行に行かれるので、中村教頭先生が見送りのあいさつをしてくださいました。楽しい思い出をたくさん作るのが修学旅行ですというお話を、うなずきながら聞きました。事故やけがないようにすることが大切ですというお話にも、なるほどと思いました。

（坂元みどり担当）

⑧ 出発式・代表あいさつ

　「児童代表のあいさつ」
　いよいよ私の番になりました。
　「修学旅行は、六年生のシンボルです。今中三の兄が、修学旅行に出発する朝、早くからうきうきしていたのを覚えています。さすが元気小学校の修学旅行だなあと思ってもらえるように、あいさつをしっかりしたいと思います。」
　私にとっては、修学旅行で一番緊張した一分間でした。

（荒木幸子担当）

⑨ 出発式・出発

　思っていたよりずっと立派なバスでした。
　運転手の大森飛一さんにあいさつをして乗り込みました。
　前席は、ぼくが窓側の席になりました。一日目は柳原さんの隣です。ジャンケンをして、午前中席は、ぼくが窓側の席になりました。
　出発！　教頭先生や見送りに来てくださった先生たちに見送られて出発しました。ぼくたちのバスには、一組の三十八人と担任の古川先生と養護教諭の原田先生の四十人が乗っています。

（下仮屋彰担当）

27

12　クラスキャラクター登場

クラスのマスコットキャラクターを作って，通信でも活躍させて人気キャラクターにしよう。

●完成まで●

① キャラクターの意味を子どもたちに説明する。

「ワールドカップのマスコットキャラクターはこれでした」と，子どもたちも見たことのあるキャラクターを見せる。

ついで「○年○組のマスコットキャラクターを募集します。1人2点までです」と伝える。

② 著作権についても説明し，既成のキャラクターのデザインをそのまままねした作品は失格にすることを告げる。

③ 候補が出そろったら，全作品を通信で紹介する。

作品の作者名は伏せておく。

④ 児童全員に1人1票で投票させ，その結果をもとに著作権や教育的視点を加えて担任の責任で決定する。

⑤ 決まったキャラクターを発表し，原作者の子どもに，色などを塗って仕上げてもらい，通信で発表する。

もっと楽しむためのアイデア

- ぬいぐるみ作りが得意な子どもに，キャラクターを立体化してもらい，教室に飾ると面白い。

クラスキャラクター

クラスキャラクター募集！

人のまねは×だよ！

学級のマスコットキャラクターを募集します。1人2点まで，配った用紙か，同じような白い紙に，2B以上の鉛筆，サインペン，絵の具などで描いて，応募BOXに入れてください。色も忘れずに塗ってください。締め切りは27日14時40分です。

キャラクターの名前

キャラクターの説明
※この名前をつけた理由や絵について
　自由に説明を書きましょう。

※背景に絵をつけないように！

書いた人

サンシャイン

元気小学校6年4組　学級通信
○○○○年○月○日

クラスキャラクター『くまくん』

13　転入生大歓迎号

転入生を迎えたら，大歓迎の気持ちを込めて特集号を出そう。

・完成まで・

① 転入生が学級に来ることが決まったら，大歓迎の気持ちを表現する。

黒板に転入生歓迎の言葉を書く，机といすを準備してきれいにふく，転入生が教室に入ってきたら拍手で迎えるなど，あらかじめ考えてあったプランを中心に実行する。

転入生を紹介する通信もそのひとつで，翌日発行する。

② 顔写真かイラスト，直筆の名前とふりがな，本人からのあいさつ文などを掲載する。

③ 完成したら，本人に，カラー版1部と予備2部をプレゼントする。

学級通信の創刊号から最新号までを，転入生の保護者にプレゼントすると喜ばれる。

もっと楽しむためのアイデア

・転入転出に臨機応変に対応する特別係を決めておき，事前にプランを考えさせておくと，準備期間が短くても子どもたち主体の思い出深いイベントを実施することができる。

転入生歓迎号

転入生が来てくれました！

山田(やまだ)まりお さん

ようこそ　元気小学校　4年2組へ

昨日，学級の友だちが1人増えました。
山田まりおさんです。
宮崎市から，4年2組への転入生です。
とても元気そうな男の子です。
まりおさんを入れて，37名の友だちになりました。
子どもたちも大喜びで，昼休みはドッジボールを一緒に楽しんでいました。
心から歓迎します。
よろしくお願いします。

宮崎の笑顔小学校から転入した山田まりおです。スポーツとゲームが大好きです。サッカー少年団に入るつもりです。よろしくお願いします。

連絡事項は裏をご覧ください。

14 点字通信

点字の学習をした後，点字を使った通信を出してみよう。

•完成まで•

① 1000円程度の簡単な小型点字器を入手する。

② 点字の授業をする。

③ 通信に，点字の簡単な説明を書く。

④ 通信のタイトルを点字で打つ。

⑤ 問題を文字で書く。

「スリーヒントクイズです。点字で書いてある3つの言葉を読んで，思いつく動物を答えましょう。漢字ノートに書いて宿題と一緒に出しましょう。」

ヒントになる3つの言葉を点字で書く。

「ちゅうごく　ささ　しろとくろ」

子どもたちが点字の五十音図を持っていない時は，印刷して配付する。

⑥ 次の日，漢字ノートに「パンダ」と書いてあれば○をする。

もっと楽しむためのアイデア

・学級の人数が少なければ，全文点字の通信を出してみる。
前日の通信に，「明日は点字のみの学級通信を発行します。大切なことは書きません。よかったら子どもとゆっくり読んでみてください」と断った上で発行する。

◆タイトルを点字で書いてみる

●は穴が出っぱっているところ

わはは

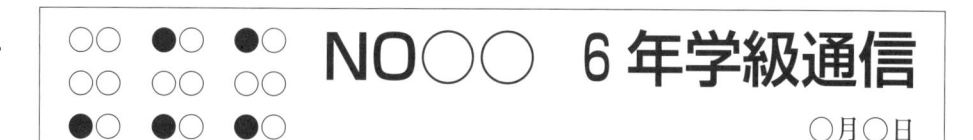

| ○○ ●○ ●○ |
| ○○ ○○ ○○ |
| ●○ ●○ ●○ |

NO○○　6年学級通信

○月○日

未来

| ●○ ●○ ●○ |
| ○○ ○○ ○○ |
| ●● ○○ ○○ |

5年学級通信

NO○○　○月○日

◆スリーヒントクイズを点字で書いてみる

点字で書いてある3つの言葉を読んで，思いつく動物を答えましょう。
漢字ノートに書いて宿題と一緒に出しましょう。

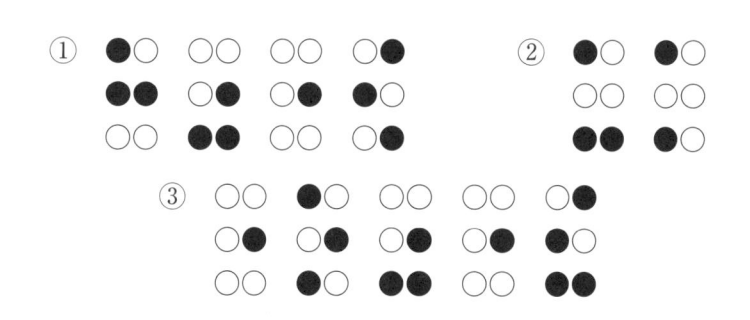

① ●○ ○○ ○○ ●○
　 ●● ○○ ○○ ●●
　 ○○ ●● ○○ ○○

② ●○ ●○
　 ○○ ○○
　 ○○ ●●

③ ○○ ●○ ○○ ○○ ●○
　 ●○ ○○ ●○ ●○ ○○
　 ○○ ●○ ●● ○○ ●●

①りんご　②はな　③ダンボ　答えは,「ゾウ」

◆算数の問題を点字で書いてみる

点字で書いてある次の2つの数字をかけた答えを書きましょう。

○● ●○ ●●
○○ ○○ ○○
●● ○○ ○○

○● ●○
○○ ○○
●● ○○

27と8　かけると「216」

15　学級PTA通信

学級役員と相談し，PTAの話し合い活動の内容を伝えるPTA通信を発行しよう。

・完成まで・

① 最初のPTA話し合い活動の際に提案する。

　なかなか参加できない保護者の学級への所属意識を高めることにもつながる。話し合った内容についての簡単なメモでいいとお願いする。

② 年間を通して担当する人を決めてもいいが，書記を中心に交代制で書くようにする方法もある。

③ 学級通信と別に発行してもいいが，学級通信の一部として発行するほうが，保護者の負担は少ない。

　通信がA4なら，半分のA5程度の紙に書いてもらう。

　なるべく，話し合いの場で原稿を仕上げてもらう。

　メモとか記録という言葉を使うと気軽に書いてもらいやすい。

　清書を希望される場合は，翌日子どもに持たせてもらう。

もっと楽しむためのアイデア

- 学級PTA通信の担当を積極的に希望してくださる方がいる場合は，企画から制作までをお願いする。
- 学級通信とは別のタイトルをつけ，独立して発行すると，個性的で充実したものになる。

わんぱくFC
みらい くらぶ

元気小学校　5年3組　学級通信　NO○○
○○○○年○月○日（金曜日）発行

授業参観ありがとうございました。

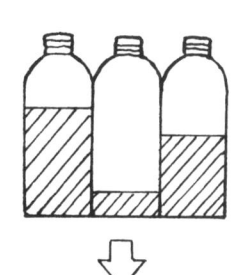

　昨日は，授業参観に多数参加していただき，ありがとうございました。

　算数で，平均の導入を見ていただきました。

　異なる量の水が入っていた3本のペットボトルですが，ちょっとした操作で水が平均化される様子をご覧いただきました。

　いかがでしたか？

　子どもたちと一緒に「すごい……」と大きな拍手もしていただき，「しめた，大成功」と心の中でつぶやいていた私です。

　平均を子どもたちがイメージするために最適な教具です。

　これから先，平均のイメージが消えてしまう子どもがいたら，このペットボトルのイメージを思い出させようと思っています。

5年3組　学級PTAニュース

○月○日の記録　　　　担当　佐藤道代

あいさつのできる子どもに！

- 親からあいさつをしよう。
- あいさつをしない子へは，その都度語りかけよう。
- 今が最後のチャンスという声も。

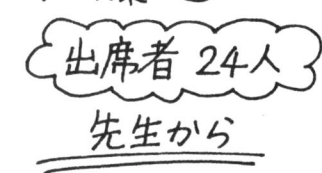

出席者 24人

先生から
- 掃除を頑張っている。
- 欠席も少なく，みんな元気でうれしい。

　明日は，予定通り，<u>○月の漢字テストがあります。</u>テスト範囲は，漢字ドリルの6から10です。書く問題が10問，読む問題が10問です。

　しっかり勉強してきましょう。合格点は，85点です。

16　専科通信

　子どもたちの授業を担当している専科担当の教師がいる時は，囲み記事でもいいので，専科通信として学級通信用の原稿を書いてもらおう。

・完成まで・

① 専科を担当する教師がいる場合は，4月に囲み記事の執筆を依頼する。
　専科の授業について，保護者向けに気軽に書いてもらえたらと相談し，分量はお任せしよう。

② 専科通信に書いてもらうための依頼例。
・専科の教師から見たクラスの印象を，なるべくいいところを強調して書いてください。
・盛り上がった授業について紹介してください。

③ 発行日1ヵ月前までには，原稿書式例とデータを入れてもらうメディアを渡す。

④ 原稿を受け取ったら，なるべく早く掲載する。

もっと楽しむためのアイデア

・年1回は，専科担当教師に保護者向け参観授業をしてもらい，その授業当日に専科通信を配付する。
・子どもたちが，インタビュー，入力，イラストを分担して原稿を仕上げる。

音楽室から

みなさん　こんにちは。
音楽専科の内田優です。
6年2組の学級通信に専科通信を書くのも3回目になりました。
　昨日は，授業参観で，6年2組のみなさんの音楽の様子を見ていただきましたが，どうだったでしょうか。
　声量は十分だと思います。あとは，もう少し楽しそうにのびやかに歌うようになると完璧ですね。
　いろいろな楽器を使った演奏の練習風景を見ていただきましたが，それぞれの楽器ごとに話し合いながら練習ができていたのではないでしょうか。
　最後は，突然でしたが，子どもたちの演奏にのせて，保護者のみなさんに歌っていただきました。
　いい声が出ていました。
　「カラオケで鍛えてますから」と，後で言われたお母さんがおられましたが，いきなりであの声，さすがです。
　子どもたちも喜んでいたようです。
　もっと練習して，成果を1ヵ月後の朝の音楽集会で披露する予定です。
　○月○日の朝8時15分から10分程度，体育館で行います。
　もしご都合がつかれるようでしたら，どうぞ！　参観自由です。

理科の岩切先生インタビュー

インタビュアー　桃山遥香＋遠藤優
入力　　　　　　山之内裕＋遠山蓮
イラスト　　　　塩田道成

いつも楽しい理科の授業をありがとうございます。

Q　早速ですが，先生は理科の専科をよくされるんですか。
A　理科が専門なので，よく担当させてもらっています。
　　今年で7回目です。

Q　理科の授業で，子どもたちに伝えたいことは何ですか。
A　自分たちが地球にできることをしないと，大変なことになることです。

Q　6年2組の最近の授業態度はどうですか。
A　私語が少なくなりましたね。もう少し努力すると，立派な6年生になれると思いますよ。

■岩切先生，ありがとうございました。これからもよろしくお願いします。

17　テスト対策通信

勉強が苦手な子どもの場合，テストに向けて何を勉強すればいいかがわからないことが多いので，事前に通信で勉強の仕方を伝えよう。

・完成まで・

① 「テストなんだから勉強しなさい」と言っても，勉強の仕方がわからない子どもには通じない。

　子どもに勉強を教えたいと思っている保護者の中には，いつ何をどう勉強させたらいいのかわからず困っている方もいる。

　時々でもいいから，通信にテスト勉強の方法を書くようにすると効果がある。

② 年度初めに，教科別に，テスト前にどういう勉強をしたらいいかを通信に書く。

　子どもたちにも保護者にも機会を見つけて説明する。

③ テストの範囲と日時，そして学習の仕方を通信に書くことで，子どもの学習意欲が高まるだけでなく，保護者の家庭での指導を支援することができる。

　テスト前には，国算社理だけでなく，体育や音楽のテスト内容もはっきり紹介しよう。

もっと楽しむためのアイデア

・子どもたちの間違いやすいポイントがわかっている場合は，事前に通信で紹介すると間違いが少なくなる。

完全保存版・6年3組特製　せめてこれだけはやりたい

テスト勉強の方法

テストと言われても，何を勉強したらいいのかわからないという時は，
ここに紹介した勉強をやってみよう。
自分で計画的に勉強をしている君も，参考にしてみてね。

まず，学級通信の時間割でテスト範囲を確認しよう！

国語　①漢字を読めるようにする。
　　　　　→特製「これだけは読めるようになろうプリント」を3回読む。
　　　　　なくした時は，漢字ドリルのテスト範囲を3回読む。
　　　②漢字を書けるようにする。
　　　　　→特製「これだけは書けるようになろうプリント」の漢字を3回書く。
　　　　　なくした時は，漢字ドリルのテスト範囲を3回書く。
　　　③読解ふり返りプリントを1回読む。

　　　　まだできるなら　ノートを一度読み返してみよう。

算数　○総まとめプリントを2回する。
　　　　　→教科書の例題なので，わからない時は教科書を見る。
　　　　　→それでもわからない時は，家の人か友だちか先生に聞く。
　　　　　→なくした時は，教科書の例題だけを2回解く。

　　　　まだできるなら　教科書の単元末練習問題を1回解いてみよう。

社会　①総まとめプリントを2回する。
　　　　　→答えの書いてある教科書のページが書いてあるので，わからない時は
　　　　　　調べる。
　　　②教科書の絵・地図・写真・グラフとその説明を読む。

　　　　まだできるなら　ノートの赤で書いたところを読んでみよう。

理科　①総まとめプリントを2回する。
　　　　　→答えの書いてある教科書のページが書いてあるので，わからない時は
　　　　　　調べる。
　　　②教科書の絵・写真・図とその説明を読む。

　　　　まだできるなら　ノートの赤で書いたところを読んでみよう。

18　おもしろ授業広告

子どもたちの授業への期待感が高まるような，おもしろ授業広告を通信に掲載しよう。

・完成まで・

① いつもと少し違う授業を準備している場合，学習意欲を高めるおもしろ授業広告を考える。

　ネタバレしないように気をつけながら，何をするんだろう，何を見せてくれるのだろうという子どもたちの期待感を高める。

　コピーやイラストを上手に使って，目立つデザインに仕上げる。

　新聞広告やちらしを参考にする。

② 通信に掲載する。

　口頭では何も説明せず，通信におもしろ授業広告を載せる。

　子どもが内容について質問してきても，あまりくわしくは話さない。

③ 授業をする。

　広告を裏切らない授業をする。

　授業は，写真と教師の発問・指示・説明・子どもの感想でまとめ，後日通信で紹介する。

もっと楽しむためのアイデア

・予告掲載日から当日まで，「あと○日」と通信に掲載し盛り上げる。

小さなビオトープ作り

雨天決行　　6月14日　1・2時間目　『総合』　　あと12日
浮き草とメダカのおりなす小世界を創ります

専門家の参加や，メダカの種類などの情報を，追加情報として
少しずつ知らせると，期待が高まる。

メダカの専門家　岩切敏彦先生の参加が決定！
小さなビオトープ作り

雨天決行　　6月14日　1・2時間目　『総合』　　あと4日
浮き草とメダカのおりなす小世界を創ります

7月5日月曜日
第4回席替え
こうごきたい！

席替えは，子どもたちにとって
大きなイベントだ。

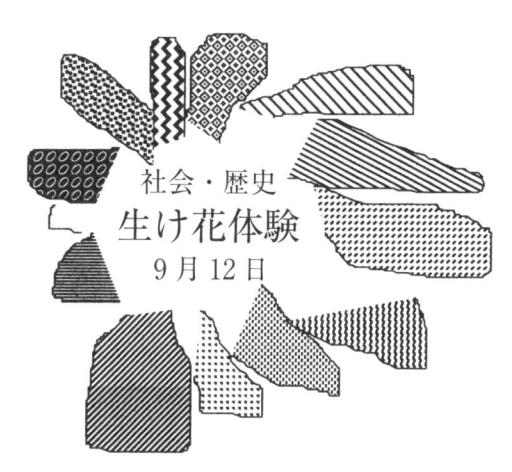

社会・歴史
生け花体験
9月12日

社会の歴史で生け花文化を
体験するお知らせ。

いよいよ　あれが登場！　　国語『千年の釘にいどむ』
　　　　　　　　6月12日　5校時

子どもたちに見せたい実物を手に入れた時は，ただ見せるのではなく，子どもたちに
予想させて盛り上げるなど，見せるまでの演出が大切。通信での予告もそのひとつ。

19　家庭訪問特別号

子どもの今を伝える,高学年らしい充実した通信を持参しよう。

●完成まで●

① 家庭訪問での話題作りに,おみやげ代わりに,1人ひとりの学校での様子を伝える学級通信,家庭訪問特別号を企画する。

家庭訪問の1週間前には,書式を決めて子どもたちに書き始めさせる。

② 例えば,簡単なアンケートとイラスト,絵手紙を書かせる。

アンケートは,「昼休みによくしていることは？」「好きな給食のおかずは？」「いつか行ってみたい国は？」など。

ありきたりの質問の中に,「家族で休みの日に行ってみたいところは？」などの家族に関わる問題を入れる。

絵手紙は,家族に出す絵手紙というテーマで,1枚を完成させる。画仙紙の葉書に絵の具で書かせる。

初めての場合は,いくつか見本を見せる。適当なものがなければ教師が見本を作成する。

もっと楽しむためのアイデア

・空いたスペースに絵を描いたり色を塗らせると,工夫してきれいに仕上げる子どもが多い。

	heart **心と心** heart　6年2組学級通信
家庭訪問特別号　今思っていること	

名前　西田あけみ

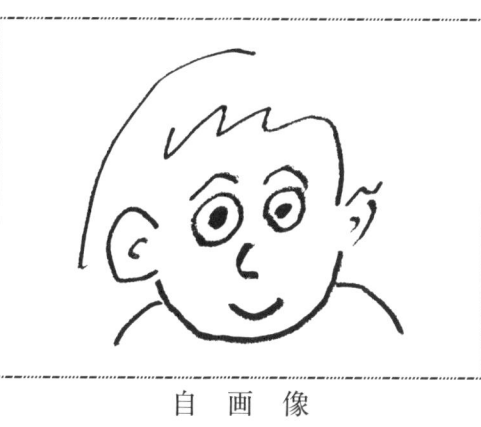

↑ペットの
まるちゃん

自画像

↓気に入ってる
ミントのにおいけし（消せるよ！）

昼休みによくしていることは？	1年生の遊び相手
好きな給食のおかずは？	ロールキャベツ
いつか行ってみたい国は？	アメリカ合衆国
とくいな勉強は？	体育
家族で休みの日に行ってみたいところは？	アメリカのディズニーランド
好きな歌手は？	嵐
好きなスポーツは？	水泳
1日のうちで一番たいくつな時間は？	ありません！
車の運転ができるならどこに行きたい？	岬
なりたいと思っている職業はある？	パソコンの会社員

20　郷土料理を話題にしよう

家庭科学習が始まると，食に関する学習も増えてくる。郷土料理を授業で扱い，通信でも話題にしよう。

・完成まで・

① 学校のある地域の郷土料理について情報収集を行う。
　食材と料理の2つの視点から探す。
② 家庭科や総合的な学習の教育課程に郷土料理が組み入れてある場合は，内容を再検討してみよう。
　ない場合は，ぜひ新たに計画して組み替えよう。
③ 郷土の食材と料理について，通信で話題にすると，子どもたちや保護者からの反応が期待できる。
　寄せられた情報をまた通信で紹介する。
④ 子どもたちが家で挑戦できそうな料理のレシピを通信で紹介する。
　作ってみた子どもの感想や，こんな作り方もありますよという保護者からの情報も載せる。
⑤ 情報を参考にして，家庭科で郷土料理を実際に作る。保護者にも手伝ってもらう。

もっと楽しむためのアイデア

・地元の生産者や郷土料理研究家と知り合いになると，アドバイスをもらうことができる。
　実際の調理の時に，参加してもらって教えてもらうこともできる。

ネリヤカナヤ	元気小5年4組学級通信 ○○○○年○月○日

家庭科で奄美バーガーを作ります

　来週の月曜日に，どの班がどんな奄美バーガーを作るかを決めます。
　昨日の家庭科で，郷土の食材について子どもたちが書いたアンケートを整理してみました。

　　奄美大島の食材といえば　[　　　　　　]　。

魚類	シーラ，エラブチ，アバス，伊勢エビ，赤ウルメ，タナガ
貝類	サザエ，夜光貝，トビンニャ，タカセガイ，ホラガイ
野菜	ハンダマ，シマラッキョウ，マコモ，パパイヤ，ウコン
果物	島バナナ，パッションフルーツ，スモモ，マンゴー
肉類	ニワトリ，島豚，イノシシ，ハブ，山羊，牛，塩豚
その他	手作りの塩，黒砂糖，きびす，黒糖焼酎，海草

子どもたちが，食材としてこれだけのものを発表してくれました。
保護者のみなさま，智恵をお貸しください。
どうでしょうか。
奄美らしいオリジナルハンバーガーを作る授業です。
先日お伝えしたように，6つの食品群のうち3つ以上を入れるという条件もあります。
もちろんおいしいハンバーガーにならなければいけません。
もし，自分だったらどんな組み合わせで作ってみたいと思われますか？
ぜひ土日に，子どもと話してみてください。
ここにない食材も大歓迎です。

島料理・試してみました4　　塩豚作り

　塩豚作りに挑戦してみました。
　豚の三枚肉ブロックに，加計呂間島の手作り塩をたっぷりすり込んで，塩で包みビニール袋に入れて冷蔵庫に入れました。
　少し出る汁を捨てて，今1週間です。明日，野菜と煮込んでみます。

21 CD写真集と肖像権

学年末に，1年間の学級写真をCDに焼いて，全員にプレゼントする。収録写真の扱いについての注意をしっかり伝えよう。

●完成まで●

① 1年間に撮影した子どもたちの写真を，次のような観点で整理する。
　・本人や保護者が見て不快に思う可能性のある写真を削除する。将来不快感を持つ可能性のある写真も削除する。
　・全員がほぼ平等に写っているように，名簿で1人ひとりの写っている枚数をチェックする。

② できれば，正式版作成前に，同僚や学級PTAの委員長にテスト版を渡してチェックしてもらう。

③ 3月，ケースに入れて配付する。
　その日に，収録写真の扱いについて書いた通信も一緒に持ち帰らせる。

もっと楽しむためのアイデア

・最後のPTA話し合い活動が始まる前に，大型テレビを使いスライドショーで見てもらうと，1年の終わりの雰囲気が出るし，写真のチェックもできる。
BGMを流すとより効果的である。

CD写真集の取り扱いについて

4年2組担任　○○○○○
○○○○年○月○日

みなさん　こんにちは
今日，全員にCD写真集を持たせました。
4年2組の1年間を写真で見ていただくことができます。
平均500万画素で700枚の写真を収録しています。
収録にあたっては，次の点に配慮しています。
　・写っている枚数がほぼ同じであること。
　・本人及び保護者が不快に思うかもしれない写真を省くこと。
事前に，学級役員と同僚2人に見ていただき，チェックしてもらいました。
それでも，もし見られて不快に思われる写真などありましたら，3日以内にお知らせください。
続いて，CD写真集の取り扱いについてのお願いです。

1　本年度4年2組児童と保護者・親戚を利用者として考えています。
　　第三者への譲渡・販売等は禁止させていただきます。

2　肖像権は，各児童が持っていますので，不特定多数が見ることになるホームページなどでの利用には許可が必要になります。ご自分のお子さま以外の児童または他の保護者中心の写真，数人が写っている写真でも顔が大きく写っている写真などにつきましては，ご利用を控えるか，関係者の許可を得てくださいますようお願いします。
　　プリントアウトして家庭内で思い出の写真として飾ったり保存することは問題ありません。

　細かいことを言うようですが，トラブル防止のためにご理解いただければ幸いです。
　CD内の写真のプリントアウトは家庭用のプリンターで可能です。コンビニのプリンターでも可能ですが，事前にパソコンで印刷する写真を決めておくほうが，簡単です。申し訳ありませんが，担任のほうではプリントアウトのサービスは行いません。
　なお，データが入っていない場合は，担任までなるべく1週間以内にお知らせください。その後，データが壊れた時は，なるべく他の保護者のCDから複写してくださいますようお願いします。

22 校内樹木を話題にしよう

子どもたちは，木の名前をあまり知らない。季節に合わせて，校内の樹木について紹介しよう。

•完成まで•

① 校内の樹木の中から，10本程度をピックアップする。

ピックアップの基準は，目立つ場所にある木，紅葉が美しい木，実のなる木，香りを楽しめる木，担当する学年の教材で扱う木などである。

月に1回紹介するとして，10本決める。

② 通信に載せる月を決める。

（例）

4月－桜	5月－ヤマボウシ	6月－ネムノキ
9月－イチョウ	10月－ナンキンハゼ	11月－トウカエデ
12月－サザンカ	1月－カナリーヤシ	2月－モクレン
3月－ヒカンザクラ		

③ 樹木名，写真，木のある場所，特色を掲載する。

もっと楽しむためのアイデア

・写真だけでなく，イラストも載せるとよい。描くのが好きな子どもに頼むと喜んで描いてくれる。

・紹介した樹木を，いろいろな活動の集合場所に使ったり，算数の問題に使うなど意図的に活用して，名前に慣れさせ親しみを持たせるようにする。

9月の木 イチョウ

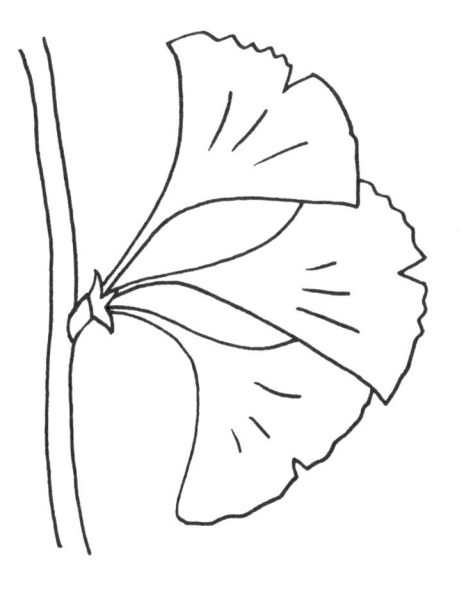

　校庭と中庭に，3本のイチョウの木があります。

　夏の奉仕作業の時には，たくさんの青い実がついていたけど気づいていましたか？

　問題です。イチョウの木の実を何というでしょうか。答えは，一番下に書いてあるので逆さまにしてみてね。調理すると食べられるんだよ。

　イチョウはもうすっかり紅葉して黄色く染まった葉がきれいですね。

答え ぎんなん

10月の木 ナンキンハゼ

　正門の左右に，2本の大木があります。

　ハゼと名前についていますが，葉や木に触れても害はありません。

　昔はろうをとっていたそうですが，今は主に観賞用の木として植えられています。

　7月の花，青々とした葉もきれいですが，秋の紅葉の美しさは毎年心待ちにするほどです。

　白い実がなり，小鳥がついばむ様子も風情があります。

　この小鳥の名前は……その時期が来たらよく観察してみてくださいね。

23　ローマ字通信

全文ローマ字の通信を出してみよう。

・完成まで・

① ローマ字の学習を終えたら，ローマ字だけの通信を出してみよう。
（内容例）
・いつもの学級通信のように，学級の様子を簡単に書く。
・ローマ字を学習したことを，子どもたちの様子も含めて書く。
・なぞなぞや3択クイズを出す。
　3択クイズの場合は，ローマ字で3つの選択肢を書き，選ばせる。
切り取り線を入れ，解答欄を切り取って宿題として提出させる。
② 文字は大きめにし，読みやすいようにイラストか写真を入れる。
③ 宿題に出した場合は，採点後ローマ字でコメントを書き入れる。
・Kanpeki !，Sugoi !，Rippa !
・Mousukosi !，Osii !

もっと楽しむためのアイデア

・書き込み欄を作り，子どもたちにローマ字で日記を書き込ませる。

WAKUWAKU 4 −3   NO○○   ○○○○, ○, ○

Koutei himawarino hanaga sakimasita.

Haruni hatiuesiteita koutei himawariga sakihazimemasita. Takasawa 3m gurai arimasu. Hitotu hitotuno hanawa sorehodo ookikuwa nainodesuga takusan sakunode hanayakadesu.
Kikaiga attara minikite kudasai.

Romazi nikki

Bokuwa tosyokande hon'o karimasita. Tomodatiga omosiroito itteita 『Takarazima』 toiu monogataridesu. Tanosimidesu.

Santaku Kuizu

Tadasii rômaziwa dore?

NO 1   ばった
① batta
② bata
③ baata

NO 2   かごしま
① kagonma
② kagosima
③ kagoosima

NO 3   おちゃ
① oca
② otiya
③ otya (ocha)

·· Kiritorisen ··

Kuizu kaitou yousi namae (   )

↑ Rômazi

kotae NO 1 :   NO 2 :   NO 3 :

24　QRコードをかしこく活用

携帯電話での読み取りを前提にしたQRコードを学級通信に活用してみよう。

完成まで

① QRコードを作成できる環境を整える。
- Yahoo！などの検索エンジンで「QRコード」を検索すると，QRコードを無料で作成できるホームページを見つけることができる。無料でダウンロードできるQRコード作成ソフトもある。それらを試してみて，使いやすいものを選ぶ。

② アイデアを活かして学級通信にQRコードを掲載する。
- 学校ホームページや保護者に紹介したいホームページのアドレスをQRコードで掲載すると場所をとらないし，アドレスを1字1字入力しないですむので便利。
- 参観日や学級レクリエーションの日時・場所などの情報をQRコードで掲載すると，携帯に簡単に保存できるので便利。
- 繰り返し伝えたいことをQRコードで掲載すると，場所をとらずに保護者に伝えることができる。

もっと楽しむためのアイデア

- ベルマーク，プルタブなど集めたいものを多くの人に呼びかけるのにも便利。

QRコードの使用例

◆学校ホームページ

サンプル：元気小学校・公式ホームページ

携帯版

〔大きめサイズ〕

パソコン版

〔標準サイズ〕

◆学級ホームページ

携帯版

〔標準サイズ〕

参観日確認ページ　携帯版

〔標準サイズ〕

◆ごあいさつ

〔大きめサイズ〕

※2013年3月31日までは，サンプルページを見ることができます。

25　ちらしのようなイベント案内

「今回はぜひ」という授業参観の案内を，派手に作って，保護者の参観意欲を高めよう。

・完成まで・

① 子どもたちが調べたことを発表する形式の授業参観など，今回はぜひ保護者に参観に来て欲しいと思う授業参観では，通信を工夫してみよう。
② 学校からの参観日案内と同じぐらい早い時期に発行しよう。
③ 表を演劇や映画のちらしのように，派手で参加したくなる紙面を作ってみよう。

　文字数は少なめで，印象に残りやすいキャッチフレーズを入れよう。
④ 裏には，授業の内容がもう少しくわしくわかる具体的な情報を載せよう。

もっと楽しむためのアイデア

・見出しなど，通信の一部を，カラー印刷して貼りつけるとますます目立つ。
・授業参観の日付，場所についての情報をQRコードで掲載しよう。

元気小学校6年1組授業参観

学習発表会
私たちの生活と環境問題

総合的な学習で，私たちの生活と環境問題について学習してきました。
グループに分かれてくわしく調べて文集にもまとめました。
最後の授業参観が，最後のまとめ発表になります。
多くの方に聞いてもらえるとうれしいです。

2月4日月曜日 5・6時間目 14時20分開始 6年1組教室にて

教室後方入り口に文集を編集した児童がいますので，下の券と引き換えに，学習文集『私たちの生活と環境問題』をお受け取りください。欠席の時は，後日お届けします。

·· 切り取り線 ··

6年1組　総合的な学習の記録 学習文集『私たちの生活と環境問題』 **引換券**	文集『私たちの生活と環境問題』 児童名　6年1組 【　　　　　　　　　】

26　けしゴムスタンプ

けしゴムスタンプを使って通信紙面を親しみやすいものにしよう。

完成まで

① けしゴムスタンプにする図柄を考える。
　・通信タイトル
　・学級名
　・教師キャラクター
　・学校で飼育している動物
　・地元に関係のある歴史上のキャラクター
② けしゴムスタンプを作る。
　用意する物は，けしゴム，彫刻刀（三角刀）かデザインカッター，トレーシングペーパー（書いた図案を裏返してけしゴムに転写する），掃除ねりけし（スタンプを掃除するため），カッターナイフ，カッティングマット，スタンプインクなど。
③ けしゴムスタンプに黒インクをつけて通信に押す。

もっと楽しむためのアイデア

・図工の時間などに，子どもたちと通信用のけしゴムスタンプ作りを楽しむと，たくさんのデザインが集まる。

けしゴムスタンプ

◆通信のタイトルに使う

元気小学校6年1組学級通信
NO○○
○○○○年○月○日（ ）

クラスマッチ 初優勝！

◆教師キャラクター・学級名に使う

◆イラストに使う

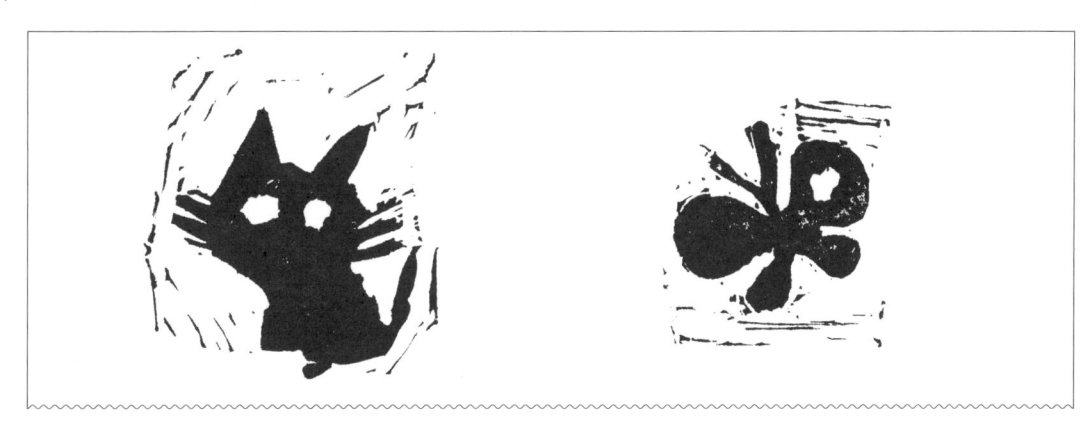

27 〜さんがほめてました

人は認められたいもの，ほめられたいもの。担任以外からのほめ言葉はまた格別。通信にどんどん載せよう。

・完成まで・

① 誰かが学級や学級の子どものことをプラス評価したら，少しくわしく聞いて，本人の許可をもらって通信に掲載する。

② 誰が話したのかを具体的に書く。

「ある人が……」と匿名で書くより，「教室で歯磨き指導をしてくださった栄養士の○○さんが……」と書いてあるほうが，子どもはうれしい。本人の許可がもらえたら顔写真も載せる。

③ 何をどうほめていたのかを具体的に書く。

「いい子たちですね」と言われたら，どうしてそう思ったのかを聞いてくわしく書きたい。

「私の説明にうなずきながら聞いている子どもが何人もいたからそう思いました」「高学年なのに，恥ずかしがらずに積極的にモデルになってくれる子がいたからうれしかったんです」と，具体的に話してもらい，通信に載せると，子どもたちも，何がほめられたのかがわかって次にもつながる。

もっと楽しむためのアイデア

・iphone のデジタルレコーダーなどを使ってほめ言葉を録音し，直接子どもたちに聞かせるのも効果的。

ニュースです！

昨日の朝，養護教諭の原田先生が全校朝会でこんな話をされました。

> 4年と5年の教室の間にある男子トイレが，とってもきれいです。掃除当番の人たちが，心をこめて，いっしょうけんめいに，便器をきれいにしてくれているからです。

　実は，この掃除場所，5年3組が担当している場所なんです。さっそく，5人のメンバーを教室でほめたたえました。さすがです！　5人の感想です。

- 毎日ごしごししてます。健一
- トイレをきれいにするといいことがあるそうです　ひろし
- ほめられてうれしいです。守
- もっときれいにしたいと思います。さとる
- 窓ふきもがんばります。藤太郎

きょうの　ひとこと

給食センターの加治先生が給食時間に教室を訪問された時のひとことです。

みんな楽しそうに食べていますね。バランスよく食べているので感心しました。

28　教師の子ども時代

子どもたちは、教師の子ども時代の話に興味津々。具体物を使ってさらりと伝えよう。

・完成まで・

① 小学生の時の記憶から、子どもたちに伝えたいものをいくつかピックアップする。

（例）
- ・少年団で頑張ったこと
- ・感動した授業のこと
- ・今思い出しても恥ずかしい失敗談
- ・転校した友だちのこと
- ・好きだった異性のこと

② タイミングを考えて書くテーマを決める。
- ・読書週間に、大好きだった本のことを書く。
- ・運動会練習の時期に、運動会の思い出を書く。

③ 自慢話より失敗談を書く。自分のことだけでなく友だちや先生のことを書く。教訓話にまとめすぎないほうが、楽しく読んでもらえる。

もっと楽しむためのアイデア

- ・小学生や中学生時代の宿題や日記などが残っていたら、厳選して実物を紹介する。
- ・通信に載せた後、子どもたちからのつっこみにどう対応するかが腕の見せどころ。

連載　私の小学6年生時代(1)

> ジャングルジムの
> てっぺん
> ジャングルジムの
> てっぺんでとおくを見
> ていた　昼休み
> 点が大きくなって
> 大きくなって
> ぼくのとなりに

6年生の時に書いた詩

詩を書くのが大好きで，そのころ書いた詩を今も大切に保管しています。

恥ずかしくて見せられるようなものではないので，ほんの一部をご覧ください。

詩を書いている子はいるかなあ。

詩でも絵でもとっておくと，上手下手に関係なく宝物になるよ。

連載　私の小学6年生時代(2)

6年生の時に書いた落書き

大好きだった歌手は天地真理さん。真理ちゃん自転車が発売されるぐらいの人気者でした。

日本のアイドル歌手の音楽をよく聞いていました。中学に入ると，井上陽水とかジョン・デンバーとか全然知らなかったフォークソングや外国の歌手の音楽を聞く同級生がいて驚いたけど，私も少しずつ聞くようになっていきました。

連載　私の小学6年生時代(3)

とぼとぼ歩いて帰りました

何かを頼まれたのか忘れましたが，千円札を持っておつかいに行き，途中で落としてしまいました。いくら探しても出てこなくて，どんなに叱られるか心配しながら家に帰ったことを覚えています。

今の1万円ぐらいの感覚だったのかもしれませんね。どのぐらい叱られたのか全然覚えていないのが不思議です。

29　教師と子どもの往復通信

子どもたちと,テーマ限定の一往復交換日記を楽しもう。

・完成まで・

① 教師から子どもたちへのメッセージを書く。
　（例）
・理科専科の〇〇先生から,忘れ物が多いので困っていると相談を受けました。聞いてみると,教科書を忘れる人も毎回いるそうですね。あなたは,どうですか。もしあなたもよく忘れているのなら,どんな努力をすると忘れないようになると思いますか？
・最近,みんながよくあいさつをするようになったと思います。今日もとてもいいあいさつの声を聞くことができて,先生はとってもうれしかったよ。君が,最近うれしいと思ったことは何ですか？

② 子どもたちに配付し,返事を書かせる。
③ 回収した子どもたちの文章を読み,ひとことコメントを書き,持ち帰らせる。

もっと楽しむためのアイデア

・「最近感動したこと」「好きな音楽」などの書きやすいテーマで,教師→子ども→保護者→教師と,保護者にも途中で一文書いてもらう一巡限定通信も面白い。

太陽と月

○○○○年○月○日　NO○○
元気小学校4年3組学級通信

蔵満先生から　あなたへ

　社会科で、みんなの生活している元気町の勉強をしていますね。あなたは元気町の中で、どの場所が好きですか。理由も簡単でいいので、書いてくださいね。楽しみにしています。

（ 安田美智 ）から　蔵満先生へ

わたしは、光岬が大好きです。家族と何回か行ったことがあります。海が右から左まで広く見わたすことができるので、とても気持ちがいい場所だからです。

蔵満先生から（ 安田美智 ）さんへ

　いい場所を知っていますね。先生は、1回しか行ったことがありませんが、安田さんが気にいった理由は、よくわかりますよ。風がとても気持ちのいい場所でした。

30　通信で熱く語る

口頭で熱く語ることも大切だが，感情的になったり，つじつまが合わなくなったりすることもある。じっくり考えた文章で子どもたちに訴えかける通信もあっていい。書いたものを配って読み上げてみよう。

完成まで

① 学級でとても気になることがある時，事件や事故が起きて指導が必要な時に，子どもたちに伝えたいことを文章で書いてみる。

② 書いたらじっくり見直す。

冷静に読むと，言葉が過激だったり，決めつけていて筋が通らないことに気がついたりと，なかなか完成しないことが多い。

推敲を重ねることで，誰が読んでも納得できる説得力のある文章ができあがる。

③ 同僚に一読してもらい，問題点が見つかったら書き直す。

④ 通信の形にまとめる。

⑤ 配付し，全文をゆっくり読み上げる。

もっと楽しむためのアイデア

- 学級に何もない時に，前年度までに書いた通信の中から，過去の事例として子どもたちに紹介すると，落ち着いて話ができるし，子どもたちと一緒に，一般論として語り合うことができる。

昨日の昼休みに，誰かが友だちのけしゴムをはさみのようなもので切りました。誰かわかっていません。切られた子には誰かのひどいいたずらだけど気にしないように話しています。切った子は「犯人」では〔　　〕「患者」です。何かの理由があるはずで〔　　〕つけて，大人として適切な〔　　〕してあげなければいけませ〔　　〕ところ誰かわかりませんし，〔　　〕では今後わかるということ〔　　〕ん。全体に対して物の大切〔さ〕〔不〕満や怒りなどを持った時の〔　　〕させるなどの指導をして〔いま〕す。この１年こういうこ〔とがあっ〕たのですが，年度末とな〔り気分が〕たり浮かれたりしている〔子どもの〕気持ちを引き締めさせ〔たいで〕す。何か気になること〔があれば遠慮な〕くご連絡ください。５〔年間は保護〕者の方の参観を歓迎し〔ます。授業参〕観で結構です。

君だけは知っている

君だけは知っている
誰が昨日の昼休みに
友だちの筆箱の中から
こっそりとけしゴムを取り出して
人の目を気にしながら切ったのかを

その時の君はどんな顔をしていたのだろう
すてきな顔をしていただろうか
その時の君はどんな目をしていたのだろう
輝いていたのだろうか

君のはさみは友だちの心を傷つけた
そして君自身の心にも大きな傷を残すだろう
君が誰なのかわからないままこの問題が終わるなら
僕は君を注意してあげることができない
そして君は友だちに謝って許してもらうチャンスを失う
君が自分の心〔に〕責任を持とうとしないのなら
〔　　　　　　〕ない

積極的な子どもはよく伸びる

今５年の算数の復習を毎日やっています。
Ｂ５の紙にいろいろな単元の問題を集めて，７分間のテストをします。
難しい問題は数字を変えて繰り返し出題しています。
120点満点で，合格は70点。
はじめは70点未満の子だけを対象にやり直しテストをしていました。
しかし，合格した子の中には間違った問題に意欲的に取り組まない子も多いのです。
そこで，最近は満点以外の子は全員やり直しテストをすることにしました。
テストの後，私が解説するのですが，あとはわからなければ，友だちでも隣のクラスの先生でも，誰に聞いてもいいから聞いてわかるまで復習するようにすすめています。
もちろん，私に聞きに来てもいいのです。
再テストは数字を変える程度です。
また，前日か数時間前には必ず予告しています。
はじめのテストで点数が悪くても叱ることはありません。
しかし，２回目のテストの後には，時には厳しく叱りたくなる子もいます。
ほとんど何もせず再テストを受ける子がいるからです。
休み時間に一生懸命聞きに来る子が，よくわかるようになり，点数も一気に上昇するのに対して，何もしない子は当たり前かもしれませんが前と変わらない点数をとるのです。

31　校内生き物案内

　学校内に飛んでくる鳥や蝶などの生き物を通信で紹介しよう。生き物好きの保護者に協力してもらおう。

完成まで

① 校内でよく見かける鳥や蝶などの生き物に対しても，興味を持たない子どもが多いので，意図的に紹介して親しみを持たせる。
　通信に載せると，話題にする家庭が増える。
② 名前，色，形，大きさ，鳴き声，よくいる場所などを図鑑などを参考にしてまとめる。
③ 自分で撮影した写真を載せる。
　写真が撮れない場合やイラストのほうがわかりやすい場合もあるので，図鑑などを参考に描いてみてもいい。
　写真だけ写真用の光沢紙に印刷して，貼りつける方法もある。

もっと楽しむためのアイデア

・地域の生き物にくわしい方に教えてもらうと，より正確な情報が手に入る。
　鳥のことを学びたい時は，日本野鳥の会支部が主催する観察会を調べて参加してみよう。
・勤務校の理科部と協力して，校内でよく見る鳥マップを作成すると便利だ。

元気小『生き物』案内　ツマグロヒョウモン

◆見かける季節
　春によく見ます。
◆見かける場所
　パンジーとビオラのあるところ。

・幼虫は黒に赤い線が入っていて毒々しいが，とげもないし毒もない。
・さなぎは，プランターの隅などにぶらさがっている。金色の斑点が特徴。パンジーかスミレがあれば室内でも観察できる。

元気小『鳥』案内　ルリカケス

◆見かける季節
　子育てをする春のころ。
◆見かける場所
　山側の木で毎年観察することができる。

・鹿児島県の県の鳥
・カラスの仲間で，鳴き声も似ている。
・とても珍しい鳥。
・芋の収穫時に，山の畑で観察できる年もあった。

32 記念日通信①　1学期

教材や行事と関係のある記念日を通信の中で紹介すると，子どもたちも興味を持ち，家庭でもいい話題になる。

完成まで

① 1学期の記念日リストを参考に，紹介する記念日を決める。

4月	9日 大仏の日	11日 メートル法公布記念日	
	12日 パンの記念日	19日 食育の日	
	22日 地球の日	30日 図書館記念日	
5月	3日 憲法記念日	8日 世界赤十字デー	
	9日 黒板の日	12日 ナイチンゲールデー	
	18日 ことばの日	20日 ローマ字の日	
	30日 お掃除の日		
6月	4日 虫の日	10日 夢の日	
	19日 朗読の日	20日 ペパーミントの日	
	23日 オリンピックデー	29日 廉太郎忌（れんたろうき）	
7月	6日 サラダ記念日		

② 子どもたちにわかるような説明を書く。

もっと楽しむためのアイデア

・1週間の予定表を載せる通信に，記念日を書き込む場所を作ると忘れずに話題にできる。

記念日をネタにしよう

① 何の記念日かをさらっと紹介！

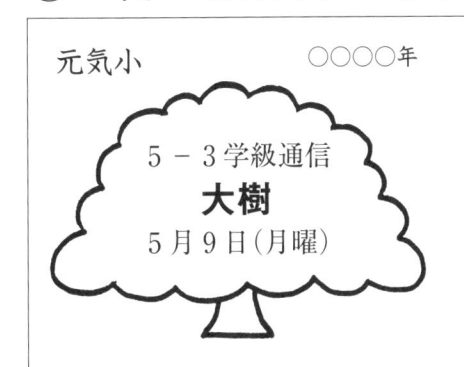

```
元気小              ○○○○年

  ╭─────╮
 │ 5-3学級通信 │              特集　音楽発表会
 │   大樹    │
 │ 5月9日(月曜) │              ・いよいよ明後日！
  ╰──┬──╯
     │           ■今日は何の日■　黒板の日です。
```

② 記念日に合わせて楽しもう！

明日4月30日は図書館記念日！

　1950年に図書館法が公布されたことにちなんで決められた記念日。
　図書館記念日にちなんで，時間割変更をして，4時間目に図書室で国語の授業を計画しています。
　図書室の本を使って，調べ物をするゲームを予定しています。

③ 記念日に合わせて勉強しよう！

朗読発表会をします！　もちろん参観は大歓迎！

6月19日朗読の日記念　4年生朗読大会（国語）

1　きていの部　　教科書の指定された3ヵ所の中から選んで朗読。
2　自由の部　　　自分で読みたい文を自由に選んで持ち込んでの朗読。
3　即読の部　　　その場で渡された文を読む。練習はできません。

　　　　どれか一部門にしか参加できません。エントリーは前日！

33　記念日通信②　2学期

記念日に関係のある授業をした時は，通信で紹介しよう。

完成まで

・教材に関係のある記念日に授業をし，通信に書く。

9月	4日 クラシック音楽の日	9日 九九の日	
	12日 宇宙の日	19日 苗字の日・子規忌	
	21日 賢治忌	24日 清掃の日	
	28日 パソコン記念日		
10月	4日 徒歩の日	7日 ミステリー記念日	
	9日 世界郵便デー	10日 トマトの日	
	12日 芭蕉忌	16日 世界食糧デー	
	18日 統計の日	22日 平安遷都の日	
	24日 国連デー		
11月	1日 計量記念日・いい姿勢の日	3日 文具の日	
	8日 いい歯の日	10日 トイレの日	
	11日 サッカーの日・折り紙の日	19日 緑のおばさんの日	
	24日 オペラ記念日	27日 ノーベル賞制定記念日	
	28日 太平洋記念日		
12月	1日 世界エイズデー	2日 日本人宇宙飛行記念日	
	5日 モーツァルト忌	8日 太平洋戦争開戦の日	
	8日 ジョン・レノン忌	9日 漱石忌・地球感謝の日	
	10日 世界人権デー	12日 漢字の日	
	18日 国連加盟記念日	21日 回文の日	

記念日をネタにしよう

④ 記念日に合わせて勉強し，通信で紹介しよう！

宮沢賢治の詩を学習します。　　もちろん参観大歓迎！

9月21日○曜日　3時間目・国語

9月21日は賢治忌です。宮沢賢治が亡くなった日です。

　宮沢賢治の作品の中から，ひとつの詩を選んで子どもたちと詩の学習をします。宮沢賢治を紹介するビデオも見せる予定です。
　私が宮沢賢治を意識したのは，大学生の時でした。
　井上陽水の歌がきっかけでした。宮沢賢治の『雨にも負けず……』に対して，本当にそんなことができるのかいと問いかける作品があるのです。
　若かった私は，うーんと真剣に考え込んでしまいました。考えても答えは出ないことなんですけどね。子どもたちにも，少し考えてもらうつもりです。

世界エイズデーの12月1日を前に，本日エイズの学習をしました。

　エイズとは何か。
　エイズはどういう時に感染するのか，しないのか。
　エイズに感染した人の生き方の紹介。
　　〜鹿児島でエイズに感染して闘った人のビデオ視聴
　新聞に，エイズデーに合わせて，県内で活動するボランティアグループが紹介されていたので，子どもたちにも資料として読んでもらいました。
　当日使った資料を読んでいただければ，学習内容がくわしくわかります。
　通信と一緒に持たせました。ぜひ読んでいただければと思います。
　家庭では話題にしづらいと思いますが，今日，明日は，テレビのニュースでも，エイズデー関係のニュースが流れるかもしれません。
　「エイズの勉強をしたんだってね」
と話しかけてみられませんか？

34　記念日通信③　3学期

記念日をネタにしたクイズを通信に載せよう。

・完成まで・

・記念日に関係のあるクイズを考えて，通信に載せる。

1月	9日 とんちの日	10日 110番の日
	11日 鏡開き	14日 愛と希望と勇気の日
	15日 手洗いの日	17日 防災とボランティアの日
2月	3日 節分	5日 笑顔の日
	7日 北方領土の日	13日 苗字制定記念日
	16日 天気図記念日	22日 猫の日
	23日 富士山の日	
3月	3日 耳の日	4日 ミシンの日
	5日 啓蟄	11日 パンダ発見の日
	14日 数学の日	15日 靴の日
	19日 ミュージックの日	21日 ランドセルの日
	23日 世界気象デー	24日 檸檬忌(レモン)
	26日 楽聖忌	

もっと楽しむためのアイデア

・記念日に関係のあるクイズを作って通信に載せる。答えを直接答えるクイズより，3択問題のほうが，気軽に答えられるし，問題も少し難しくできるので，問題作りが楽になる。

記念日をネタにしよう

⑤ 記念日をクイズにしよう！

10月4日

住宅広告でよく見る「徒歩○○分」の表示，1分で歩く距離の基準はどれ？
　　①40 m，②80 m，③100 m

正解：②80 m
10月4日は徒歩の日。ウォーキングは，健康増進のための取り組みやすいスポーツで，とても人気があるよ。競歩と呼ばれる歩く速さを競う競技もあるね。

11月11日

サッカーでオフサイドにならないのは，次のどの時？
　　①コーナーキック，②フリーキック，③延長戦

正解：①コーナーキック
11月11日はサッカーの日。待ちぶせを認めないのが，サッカーのオフサイドというルール。コーナーキックとスローインとゴールキックの時は，オフサイドにならないんだよ。

3月4日

ミシンの名前は何からつけられた？
　　①発明した人の名前，②使われている34（ミシ）の部品，
　　③機械の英語，マシーン

正解：③機械の英語，マシーン
3月4日はミシンの日。英語のソーイング・マシーンが「裁縫マシン」になり，「ミシン」になったんだ。昔は，足でふんで動かしていたけど，今では電気で動くミシンに変わったんだよ。

35　記念週間

全国的な○○週間は，通信のいいネタになる。これはと思うものをピックアップしよう。

完成まで

① カレンダーに教育活動で使えそうな記念週間を書き込む。

　1学期　4月 未成年者飲酒防止強調月間，4月6日～4月12日 春の新聞週間，4月23日～5月12日 こどもの読書週間，5月1日～5月7日 憲法週間，5月10日～5月16日 愛鳥週間（バードウィーク），5月30日～6月4日 ごみ減量・リサイクル推進週間，6月 食育月間，6月1日～6月7日 水道週間，6月4日～6月10日 歯の衛生週間

　2学期　9月 宇宙月間，9月20日～9月26日 動物愛護週間，9月21日～9月30日 秋の全国交通安全運動，10月 環境にやさしい買い物キャンペーン月間，10月1日～12月31日 赤い羽根共同募金運動，10月4日～10月10日 世界宇宙週間，10月15日～10月21日 新聞週間，10月21日～10月27日 国連週間，10月27日～11月9日 読書週間，11月 やけど予防月間

　3学期　12月 地球温暖化防止月間，12月4日～12月10日 人権週間，1月24日～1月30日 全国学校給食週間，3月1日～3月7日 春の全国火災予防運動

② 「○○週間です」と紹介したり，○○週間に合わせて授業やイベントを企画し，通信で紹介する。

記念週間に合わせて実践し，通信で紹介しよう

① 何の週間かをさらっと紹介！

元気小　　　　　　○○○○年

5－3学級通信
大樹
6月3日（水曜）

特集　国語の漢字力検査の結果

☆6月1日～6月7日は水道週間。
水の無駄遣いをなくそう週間です。

② 記念週間に合わせて楽しもう！

4月23日～5月12日こどもの読書週間

期間限定・希望者限定
スタンプカードキャンペーン

　期間中に，指定した図書室の本10冊を読んだらささやかなプレゼントをもらうことができます。
　4年1組指定図書は，スタンプカードキャンペーンに印刷してある300冊です。
　4年生に読んで欲しい図書室にある本を選びました。
　1行感想を書いてもらいます。簡単ではないと思うのですが，子どもたちは乗り気のようです。
　お子さんから挑戦することを聞いた保護者のみなさんは，ぜひ励ましの言葉をかけてあげてくださいね。

　　　　　　　　　　・絵本キャラクターポストカード
　ささやかプレゼント　・絵本キャラクターシール
　　　　　　　　　　・絵本キャラクター鉛筆

36　中学校ニュース

中学校についての情報も時々掲載して，子どもと保護者の進路選択に役立ててもらおう。

•完成まで•

① 中学校について，必要な情報を提供するだけでなく，中学校生活に対する期待が高まるような情報も提供する。

② 公立や私立の中学校から届いた進路情報については，その資料を配ると同時に，通信に何を配付したかを書いて，確実に保護者に見てもらうようにする。

　閲覧用の資料はファイルして教室に置き，いつでも見てもらえるようにする。

③ 卒業生が学校に来た時は，中学校での楽しい出来事を聞いて，先輩からということで通信で紹介しよう。

　卒業生がいじめや校内暴力など，気になることを話したらメモし，連絡会などで中学校関係者に確認したり対策を要望するが，通信には書かない。

④ 中学校の運動会や学習発表会を見に行った子どもが，そのことを日記に書いていたら，本人の許可をもらって，日記を紹介する。

　その子どもに質問して，記事にまとめてもいい。

もっと楽しむためのアイデア

・中学校の日曜参観や研究公開に参加して，学級の子どもたちに中学校の生の情報を伝えられるようにしたい。

中学ニュース　12　　元気中学校の運動会情報

中学校の応援団はすごかった！

元気中の運動会に行ってきました。
大きな声, すばやい動き, とってもかっこよくて, さすが中学生だと思いました。

まきこ記者情報

中学ニュース　16　　元気中学校の部活情報

元気中FC　決勝トーナメント出場決定！

　野口さんのお兄さん（中3）は, 元気中FCのゴールキーパー。
　応援に行った野口さんからの情報です。
　昨日の試合で, クラブチームのロイヤルグリーンFCに逆転で勝ち, 来週から開催される, 湯湾岳杯の決勝トーナメント出場が決まりました。
　素晴らしいですね。
　野口さんのお兄さんはスタメンで出場, 相手に先制点を許したものの, 後はゴールを守り抜き, 3対1での勝利にこうけんしたそうです。

37　教師入れ替わり通信

1時間だけ他クラスと入れ替わり授業を行い，通信も入れ替わって書いてみよう。

•完成まで•

① 同学年を担任している教師に，入れ替わって授業をしてみませんかと提案する。

実施が決まったら，日時と教科，授業内容を決める。

子どもたちには事前に知らせない。

② 授業開始の合図と同時に入れ替わって教室に入る。

子どもたちの顔をわざと見ないようにして授業を始める。

もちろん「○○先生と入れ替わりました」と説明はしない。

③ 子どもたちが「教室を間違っていますよ」と言っても，聞こえない振りをして，終わりのチャイムが鳴るまで授業を進める。

④ 子どもたちのいいところをたっぷり書いた授業報告を書いて，入れ替わった教師と交換する。

これを学級通信に掲載する。

子どもたちの感想は次の号に掲載する。

もっと楽しむためのアイデア

・自分の空き時間を利用したり，専科担当教師の協力を得て，他の教師に飛び込み授業をしてもらい，自分は教室の後ろから参観して，その記録を通信で紹介するのも楽しい。

6年2組　学級通信　光

NO○○　○○○○年○月○日

6年3組担任の湯川健太です。
今日は一時間授業をさせていただきました。

　学習課題は，『感動したことを詩に書こう』です。
　私が教室に入ると，シーンとしていた教室がざわつきました。当然です。突然，予告なしに隣の教室の担任が入ってきたのですから。でも，誰も何も言いませんでした。授業の始まりのチャイムが鳴ったので，授業を始めました。

> 　落ち葉。ナンキンハゼの木の下にたくさんの色紙が落ちていた。いや，よく見ると落ち葉だ。赤，黄色，茶色……。

　読み終えて，子どもたちを見渡しました。

> 　今，読んだ作品は，人の思いをある方法で表したものです。何という方法か，わかる人は，机の上に答えの分だけ鉛筆を置きなさい。

　お互い顔を見合わせる子どもたち。素直な表情をしています。36人のうち，24人が鉛筆を並べました。そのうち18人が正解でした。発表したい表情をしていたので，大窪さんに，答えを言ってもらいました。
　「詩だと思ったので，鉛筆を4本並べました。」
　「えー」と言う声。「なるほど」と言う声。「だじゃれ……」という声。そして，ここで初めて「先生のクラス隣だよ！」と勇気ある発言をしたのは，久永さんです。
　続いて，「間違ってますよ」「蔵満先生は？」と口々に話し始めました。

> 久永さん，何か言いましたか？

　ととぼけて，そのまま授業を続けました。
　子どもたちに，6年生になってから今日までの経験の中から，面白かったことを詩に書いてもらいました。
　次に，子どもたちの作品の中から，詩の形になっているものを紹介しました。短くてもいいこと，1行の文字数は自由であること，伝えたいことだけを書いてもいいこと，1行の終わりの言葉をわざとそろえたり，同じ言葉を繰り返すなどの技を使うこともあることなどを紹介しました。

> 今度は，感動したことを詩に書いてみよう。書く紙を配ります。

　20分間，子どもたちは集中して書きました。苦手そうにしている子には，いくつかヒントを出しました。清書を集める途中でチャイムが鳴りました。

　予告なしの入れ替わり授業でしたが，2組の子どもたちと，楽しく学習できて，とても楽しい1時間でした。真面目で，素直な子どもたちだと思いました。これからもよろしくお願いします。

　追伸：実は，蔵満教諭には，同じ時間に6年3組で全く同じ授業をしてもらいました。3組の子どもたちも真面目に勉強していたそうなのでほっとしています。作品が楽しみです。

38　給食の味通信

給食週間や食育の一環として，学校で食べている給食の味を，子どもたちと表現してみよう。

●完成まで●

① 子どもたちに「給食のおかずの感想を書いてもらいます。テレビの食の評論家になったつもりで食べてください」と予告する。
　子どもたちに人気のある「カレーライス」「チャンポン」「うどん」などの日にすると書きやすい。

② 給食の時間にＡ５の白紙を配り，「食べ終わって，食器を片づけたら，今日のおかずについての感想を，評論家になったつもりで書いてみましょう」と呼びかける。

③ 通信に，献立と子どもたちの書いた感想を掲載する。
　細い紙に書かせて，全員分を貼りつけて掲載する。

もっと楽しむためのアイデア

・この実践の後で，食育の一環で，味をどう表現するかの学習をする。いろいろな表現方法を紹介すると，子どもたちの表現も少しずつ豊かになっていく。
・栄養士に協力してもらい，味をテーマにして学習を行うことで食に対する関心を高める。

給食グルメ通信

月　日

※おかずの写真を貼る

※おかずの名前を書く

メニュー

この味を
言葉で
表現してみよう！

名前	コメント	名前	コメント

教職員にも聞いてみました
- 　　　　先生
- 　　　　先生

39 追悼の授業

子どもたちと関わりのある著名人が亡くなった時，追悼の授業を行い，通信でも紹介しよう。

完成まで

① 教科書に作品が掲載されているなど，子どもたちに縁のある作家や，児童文学者，画家，音楽家などが亡くなった時は，子どもたちに伝えよう。

② 簡単でもいいので追悼の授業を行い，その記録を通信でも伝え，家庭で話題にしてもらおう。

まず，新聞記事やテレビのニュースなどを使って，亡くなられた人の業績などを伝える。

次に，子どもたちとの関わりを確認する。教科書教材の著者なら文を読み聞かせて思い出させる。図書室に著書があるなら，本を見せて読み聞かせをする。音楽関係の方なら，作品を鑑賞する。

時間がある場合は，作品に関するクイズを出すなどして，故人のことをもう少し知るための時間にする。

最後に感想を書かせる。

子どもたちの感想を遺族に届けたい。これは，相手側にとって迷惑でないと思われる場合で届け先がわかる場合に限る。

もっと楽しむためのアイデア

・感想や日記などに，追悼の気持ちがよく表現された作品があれば，新聞に投稿しよう。

元気4－3FC ニュース

NO○○　○○○○年○月○日

○○○○○さん　追悼の授業

　○月○日に，作家の○○○○○さんが亡くなられました。
新聞記事によると，○○が原因で，○○歳だったそうです。
　○○○○○さんの作品『○○○○○○』は，○年生の国語の教科書に載っているので，子どもたちはみんな学習したことがあります。
　今日の読書の時間は，○○○○○さん追悼の授業を行いました。

> みなさんは，『○○○○○○』を覚えていますか。

「覚えてます。」
「○○○○○○○という話でした。」

> 作家の名前を覚えていますか。

「○○○○○さんです。」

> 新聞記事を配ります。読んでください。

亡くなった作家○○○○○さんの死亡記事を子どもたちに配りました。

> 作家○○○○○さんの本を図書室から借りてきました。

図書室から借りてきた○○○○○さんの本12冊を子どもたちに見せました。
そして2冊を読み聞かせました。

> 作家○○○○○さんが，どうして子ども向けの本を書いたかを書かれたエッセーを配ります。読んでください。

子どものころつらい体験が続く中で，お母さんから読んでもらったお話が心の支えになった。その体験から絵本を書き始めたという内容のエッセーである。

> ○○○○○さんに，追悼の気持ちを込めて，おわかれの手紙を書いてみましょう。

　○○○○○さんへ
　わたしは，6冊も書かれた本を読んでいました。
　どの本もわくわくどきどきしながら読みました。
　未来に生きる子どもたちのために夢をプレゼントしたくて子ども向けの本を書きはじめられたと，今日先生から聞きました。なくなられて残念です。
　ありがとうございました。　　山元信

数人のおわかれの手紙を紹介して，終わりました。

> 　図書室には，○○○○○さんの作品が12冊もあります。ぜひ1冊でもいいので借りて読んでみましょう。

40　楽しかった授業

教師が楽しかった授業も，子どもたちが楽しんでいた授業も，通信に書こう。

◦完成まで◦

① 楽しかった授業は，授業が終わったらすぐに簡単にメモする。
② 詳細な授業記録は，なかなか読んでもらえないので，特に楽しかったところを中心に書く。
③ なるべくイラストか写真を入れる。
④ 通信に掲載したものを子どもたちにも読ませ，学習したことを確認させる。

もっと楽しむためのアイデア

・導入の授業は，子どもたちの心をつかむ工夫した教材を準備し，記録をとる。導入が楽しいと，子どもたちの学習意欲が増すなど単元全体にいい影響がある。
　通信で導入を知らせることで，子どもたちが学校で何の学習をしているかがよく伝わる。
・子どもたちの書いたイラストやノートのコピー，授業感想や日記などを入れると，より楽しさが伝わってくる。
　この授業は楽しかったと思ったら，簡単でいいので感想を書かせよう。

オレンジ6年通信

元気小6年　学級通信
○月○日（　曜）

G6レース開催！

速さの学習を楽しみました。

めあて『おもちゃの車の速さを数字で表そう』

子どもたちが持ち寄ったおもちゃの車を，廊下で走らせ，秒速を出す学習をしました。

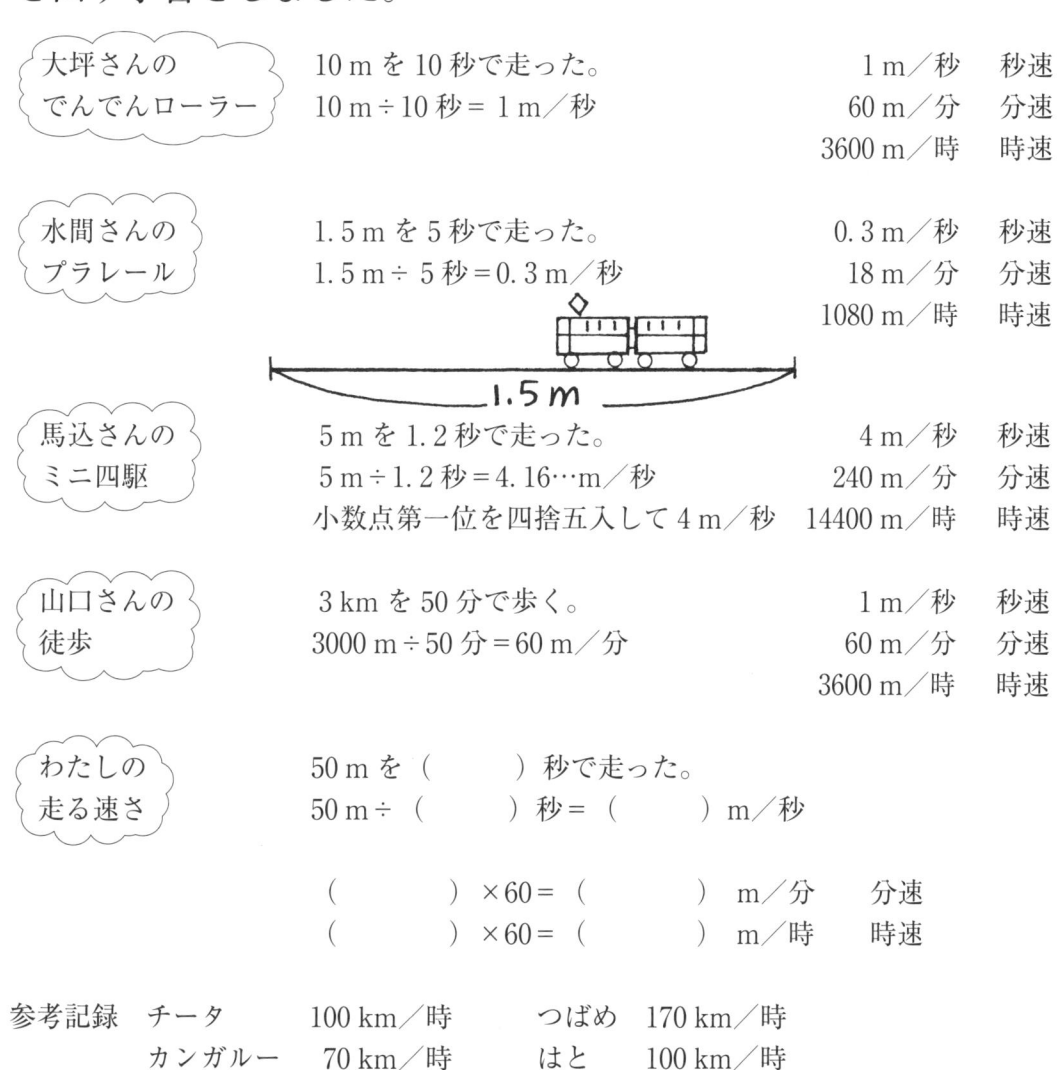

大坪さんの でんでんローラー	10 mを10秒で走った。 10 m÷10秒＝1 m／秒	1 m／秒　秒速 60 m／分　分速 3600 m／時　時速
水間さんの プラレール	1.5 mを5秒で走った。 1.5 m÷5秒＝0.3 m／秒	0.3 m／秒　秒速 18 m／分　分速 1080 m／時　時速

　　　　　　　　　　　　1.5 m

馬込さんの ミニ四駆	5 mを1.2秒で走った。 5 m÷1.2秒＝4.16…m／秒 小数点第一位を四捨五入して4 m／秒	4 m／秒　秒速 240 m／分　分速 14400 m／時　時速
山口さんの 徒歩	3 kmを50分で歩く。 3000 m÷50分＝60 m／分	1 m／秒　秒速 60 m／分　分速 3600 m／時　時速
わたしの 走る速さ	50 mを（　　　）秒で走った。 50 m÷（　　　）秒＝（　　　）m／秒	

（　　　）×60＝（　　　）m／分　分速
（　　　）×60＝（　　　）m／時　時速

参考記録　　チータ　　100 km／時　　　つばめ　170 km／時
　　　　　　カンガルー　70 km／時　　　はと　　100 km／時
　　　　　　いるか　　　60 km／時

41　算数の基本的な解き方を紹介しよう　かけわり図

　子どもたちの学習理解に役立つ情報を，わかりやすく紹介しよう。

・完成まで・

① 社会科で年号を覚えるための語呂合わせがあるように，算数でも簡単に問題を解くための便利な方法がある。

　子どもたちにも保護者にも積極的に紹介する。

② 算数では，例えば，「かけわり図」と「単位かぞえ歌」を紹介したい。

　できれば，これらを使う授業を参観日にする。

③ 授業で子どもたちに紹介した日に，通信に掲載し配付したい。

　親にも便利だと実感してもらえると，学校と家庭で効率的な指導ができる。

④ 授業の中や授業プリント，宿題プリントで，かけわり図や単位かぞえ歌などを定期的に繰り返し登場させることで，子どもたちが使い方に慣れて，より正確に回答できるようになる。

もっと楽しむためのアイデア

・保護者からの質問には，ていねいに答える。

　保護者の名前は出さずに質問と回答を通信でも紹介しよう。

　1人の質問は，他の何人もが抱いている質問であることが多い。

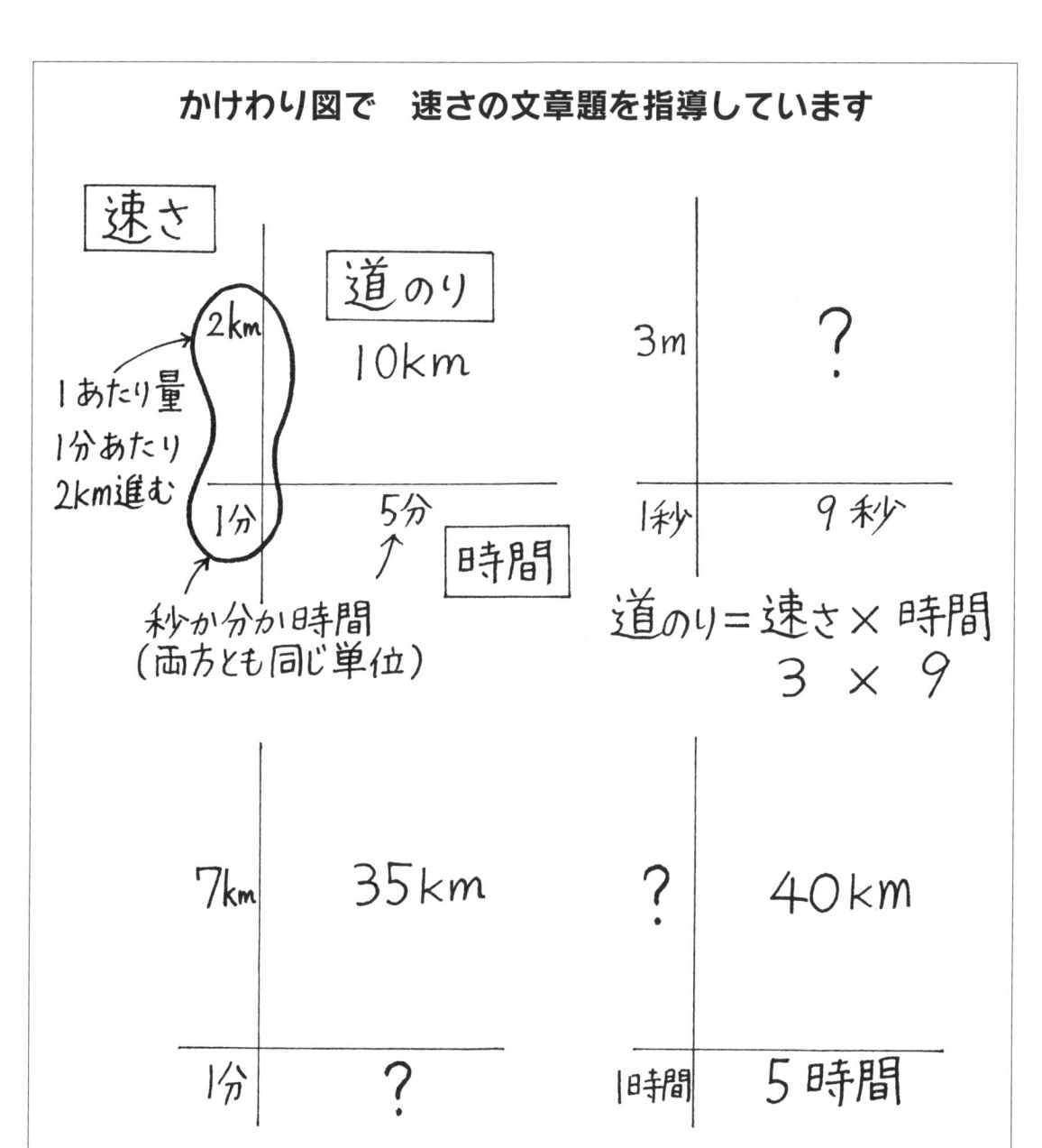

かけわり図で 速さの文章題を指導しています

速さ　道のり 10km

1あたり量
1分あたり
2km進む
2km / 1分

5分
時間
秒か分か時間（両方とも同じ単位）

3m　？
1秒　9秒

道のり＝速さ×時間
3 × 9

7km　35km
1分　？

時間＝道のり÷速さ
35 ÷ 7

？　40km
1時間　5時間

速さ＝道のり÷時間
40 ÷ 5

① 文章題を読み，かけわり図に わかっている 数字を書き入れる。
② わかっていない場所がどこかで，式が決まるので立式する。

42 子どもからの告知コーナー

少年団の試合，吹奏楽の演奏会，ピアノの発表会と，クラスの子どもたちがPRしたいと思っているものを通信で紹介しよう。

●完成まで●

① 年度始めに，告知の方法を伝える。

　サッカー少年団の試合があるので応援に来て欲しい，金管バンドの演奏があるので聴きに来て欲しい……のように，学級のみんなに案内をしたいと思ったら，告知コーナー申し込み用紙に，イベント名・主催者・日時・場所・時刻・料金などを書いて，早めに担任に提出するように通信に書く。

② 掲載の条件は，告知内容が学級の子どもが直接関わっていること，学校や地域のスポーツ活動，習い事に関係のあるものとし，掲載の有無については，最終的には担任の判断に任せることなどを了承してもらう。

③ 所定の用紙で提出されたものついては，問題がなければ早めに掲載する。

もっと楽しむためのアイデア

・イベントが終わった後，本人や参加した人の感想を載せる。
・教室内にも告知コーナーを作り，試合の日程や結果を紹介する。

○○○○年
ぎんなん
銀杏

元気小
5－3 学級通信
○月○日（　曜）

・告知コーナーのご案内

☆明日3時間目
　いよいよ国語テスト（上8～19）
☆学級費集金，明日まで！

告知コーナーのご案内

・少年団の試合，吹奏楽の演奏会，ピアノの発表会と，クラスの子どもたちがPRしたいと思っているものを通信「銀杏」で紹介することができます。

掲載についてのお願い

① 学級の子どもが直接関わっていることが必要です。
② 学校や地域のスポーツ活動，習い事に関係のあるものを想定しています。
③ 申し込み用紙は，保護者がご記入ください。
④ イベント名・主催者・日時・場所・時刻・料金などを書いて，なるべく実施日の1週間前までに，【通信原稿ポスト】に入れてください。毎日発行しているわけではないので，1週間の余裕がないと，掲載できないことがあります。
⑤ この用紙が原稿になります。薄い文字だと読みとれないので，ボールペンなどでの御記入をお願いします。パソコンで作成されても構いません。
⑥ 条件に合っているかどうか迷った時は，掲載について御相談させていただくことがあります。趣旨をご理解いただければ幸いです。

以上をご了承の上，下の用紙でお申し込みください。

例

空手の試合があります！

・主催　市空手連盟　・場所　市武道館　11時ごろ　無料です
・日時　6月13日（日 曜日）　5の3から山本宏と野坂一成出場！

・主催　　　　　　・場所
・日時　　月　　日（　　曜日）

43　子どもたちが夢中になっているもの

　子どもたちが夢中になっているものを取材して通信で紹介しよう。

・完成まで・

① 　子どもブームを見つける。
　・子どもたちは、休み時間に何をして遊んでいるか。
　・マンガ・テレビ番組・ゲームで人気があるのは何か。
　・子どもたちの筆箱の中には、どんなものが入っているか。
　・子どもたちはどんな言葉を使っているか。
② 　特集形式で子どもブームを紹介する。
　・「昼休みの子どもたち〜それぞれのすごし方」
　　ある日の昼休みのすごし方をアンケート調査し、子どもの名前は出さずに紹介する。
　　校庭でドッジボールをしていた子、低学年の子どもたちと遊んでいた子など、昼休みのすごし方にもいろいろあった。
　　なかでも一番人気のあったケイドロについてくわしく紹介する。
　・「今人気のあるテレビマンガは何？」
　　子どもたちに必ず見ているテレビ番組を聞き、人気のある番組を紹介する。

もっと楽しむためのアイデア

・同じテーマで親子にアンケート調査し、比較して紹介する。

Smile 4-5

元気小4-5　学級通信
○月○日（　曜）

昼休みのすごし方ベスト5

○月○日　記入式アンケートの結果

順位	ポイント			すごし方
	合計	女子	男子	
1	14	2	12	校庭で王様ドッジボールをしていた。
2	11	6	5	中庭でなわとびをしていた。
3	5	3	2	図書室で本を読んでいた。
4	4	4	0	一輪車に乗っていた。
5	3	2	1	教室でオルガンをひいていた。

　ドッジボールは，ご存じですか。
　王様ドッジボールは，2つに分かれたグループごとに王様を決めて，その王様が当てられた時点で負けになるというルールのドッジボールです。
　ただし，誰が王様なのかは相手には隠して決めるので，王様のさぐり合いということになります。
　結構面白いですよ。

　お子さんが，何をしていたのかは，直接聞いてくださいね。
　昼休みをどうすごすかは，自由だと考えています。
　週に1回のみんなで遊ぶ日以外は，私からは特に指示をすることもありません。
　1人ですごしていても，それだけでどうこう言うこともありません。1人で静かに本を読んでいたい子もいます。
　ただ，本当はみんなと遊びたいのに，1人ですごしている子どもがいないように気を配っています。仲間に入れてもらえないなら，それは大問題です。
　今日の『Smile 4－5』を見た後で，「昼休みに何をしているの？」と聞いてみてください。
　そして，もし，お子さんの反応が少しでも気になるようでしたら，ご連絡いただければと思います。

44　授業参観感想特集号

通信に掲載する前提で，授業参観の感想をぜひ書いてもらおう。

・完成まで・

① 授業参観当日に，保護者に感想を書く用紙を渡す。
　通信に掲載することを明記し，名前も書いてもらう。
　1行感想も大歓迎とし，短い量でもいいことを強調する。
② 改めて入力する手間を省くために，書かれたものがそのまま原稿になることを断っておく。
　参観日の数日後を締め切り日に設定する。
　メールでの対応が可能な場合は，メールアドレスを書いておく。
③ 届いた感想の中で，教師個人宛のもの，他の方が読んだら不愉快な気持ちになりそうな内容のもの以外は，そのまま掲載する。
④ 授業参観感想特集号として発行する。

もっと楽しむためのアイデア

・授業参観に引き続き，学級PTAの話し合い活動がある場合は，学級PTAの場で5分間，感想を書く時間を設定してもらうと感想がたくさん集まる。
・感想メール用の専用メールアドレスを用意しておくと便利。

ザ・元気

元気小6－2学級通信
NO○○　○月○日（　曜）

授業参観　ありがとうございました

感想特集(3)　盲学校の授業を参観して

> 盲学校のことは、今日の授業で初めて知ったと思います。私は、老人ホームで働いています。娘を今度連れていこうと思いました。

> 子どもが、今日の授業で、からだの不自由な人の頑張っている姿を知り、どんな人にもやさしく接するようになって欲しいと思いました。

> 人は、みんな平等だというやさしい気持ちが持てる授業だったと思います。

> 授業の内容もわかりやすく、子どもたちがよく理解しているようでした。子どもたちが実際に、その子たちと交流が持てるといいですね。

> 私の知人に、事故で耳が聞こえなくなった方がいます。からだが不自由な人でも自然に接する子どもに育って欲しいと思いました。

> 盲学校の子どもたちの1日の様子をビデオで見ることができ、私自身もいい勉強になりました。ありがとうございました。

45　やってみたくなる通信

授業や特別活動で，子どもたちと楽しんだ実験や創作の手順を通信にも載せよう。親子で楽しんで欲しいし，教師にとってもいい記録になる。

•完成まで•

① 授業や特別活動で，子どもたちと楽しんだ実験や創作のくわしい説明を書いて通信に載せる。

　見て迷わず作業できるように，材料，道具，手順，間違いやすいポイントの説明を図入りで具体的に書く。

② 参考になる本やwebサイトがあるなら，紹介する。

③ 子どもたちの感想も紹介しよう。

もっと楽しむためのアイデア

・わざと説明の一部分を簡単に書き，「わからない時は子どもに聞いてください」と書く方法もある。

　子どもたちには，親から質問されたら，「わかりやすく説明してください」と話しておく。

　どうしても説明できなければ，次の日に教師に聞きに来るよう伝え，じっくり説明してあげる。

　言葉で説明する力をのばすことにつながる。

・参観日の少し前に紹介し，どうしてもできなかった方には参観日に仕上がったものを見てもらうようにする。

お楽しみ会で，キャラメル味のポップコーンを作りました。

準備するもの（直径 25 cm のフライパン 1 回分）
- 乾燥コーン　　50 g　　※1袋 100 円程度
- サラダ油　　　大さじ 2
- バター　　　　50 g
- 砂糖　　　　　50 g

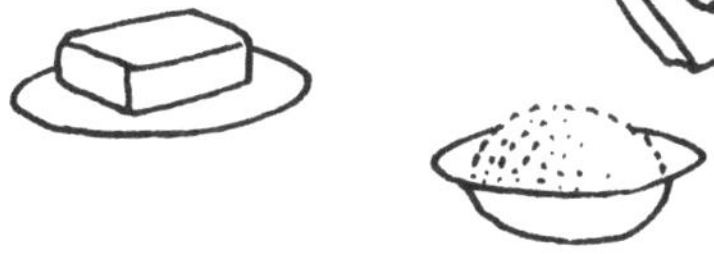

① フライパンに乾燥コーンを 50 g 入れる。ふたをして，弱火にかける。
　透明なふただと，ポップコーンができる様子が見えて子どもたちは喜ぶ。
② 焦げないように，フライパンを揺する。
　しばらくするとポンポンと音がしてポップコーンができ始める。
　音がしなくなったら火を止める。
③ 鍋にバターと砂糖を全部入れる。 
　弱火で温め，茶色に変わってきたら火を止める。
　カラメルソースのできあがり。
④ ②でできたポップコーンを，③でできたカラメルソースに入れてからめる。
⑤ クッキングシートの上に広げて，ほぐしたらできあがり。
　バター，砂糖を少し減らして水飴や練乳を入れると少し味が変わります。

図工で，葉書絵を描きました。

絵の具・サインペンと手持ちの道具で挑戦しました。子どもたちは大喜びでした。

46　子ども版学級通信

子ども版学級通信の発行を子どもたちに呼びかけてみよう。

◦完成まで◦

① 子ども版学級通信の企画・執筆・編集を担当する希望者を募る。2学期に始めてもいい。
② 子ども版編集局の子どもたちに，だいたいの紙面構成と発行までのスケジュールを企画書に書かせて提出させる。
　問題がなければ作成に取りかからせる。
③ 作成途中で必要に応じて指導する。
④ できあがった原稿を校正する。
⑤ 印刷し配付する。

もっと楽しむためのアイデア

- 担当は決めず，全員が年に1回は編集長になり発行するようにする。誕生日特集号と兼ねる方法もある。
- 使っていない古いデジタルカメラを，子ども版編集局用にすると，写真に興味のある子どもの出番ができる。
  休み時間に，学級単位の活動や校内の自然などを撮影させ，時には教師版にも使わせてもらう。
- 教師版と裏表で発行することもできる。

子ども版学級通信

5年2組学級通信
『123 GO!』

子ども版 5

編集部　和義・さやか・ひとし・七緒

第1回子ども版『123 GO!』杯俳句コンクール結果発表

最優秀賞　ひとみさん　おめでとうございます！

水かかり　ふりむく笑顔　真夏なり

スクープ

　本紙カメラマンのひとしさんが校庭で「サシバ」の撮影に成功しました。

　よく見かける鳥ですが，撮影はなかなか難しいという話です。

　理科専科の別府先生は，「これは傑作ですね」と関心されていました。サシバについてのくわしい情報は次回お届けします。

イラストコーナー

ひろみ

さやか

より子

健一

清　モー

裏にクイズ特集！

47　英語のメッセージ

学級通信最終号に，英語のメッセージを入れてみよう。

・完成まで・

① 学級通信の最終号は，学級文集（6年生なら卒業文集）に収録したい。

② そのどこかに英語でメッセージを入れてみよう。

　子どもたちは，いつかは読めるはずだから，その時の子どもたちへのメッセージである。

③ 文面を作成したら，英訳する。

　自分で作ってみたらwebの無料翻訳ソフトなどを使って確認しよう。

　どうせなら，「20歳以上になってメールで連絡してくれたらプレゼントをあげるよ」という仕掛けをしておくのも楽しい。

④ 日本語のメッセージを書き，デザインのように入れてもいいし，袋とじの内側にして見えないようにするのも面白い。

もっと楽しむためのアイデア

・タイムカプセルの中に，学級通信の特別号を封筒に入れてこっそり個別に入れておく。ここにも英語のメッセージを入れる。

　タイムカプセルを開ける場に立ち会えなくても，メッセージは読んでもらえる。

※これを学級通信最終号に小さく入れる

Letter to you

Hello.

It has been a long time.

How are you?

Thank you for reading this letter.

Do you remember me?

There are a lot of happy memories.

I always remember everyone.

What are you doing now?

Please send me an e-mail when you turn 20 years old.

I have a present for you.

I am waiting for your mail.

Good-bye.

Itsushi Kuramitsu

48　応募可能な公募・参加できるイベントを積極的に案内しよう

絵画・作文・写真などの公募や，地域で行われるおすすめイベントを紹介しよう。

完成まで

① 学校で紹介された情報，地元新聞紙や公募ガイドなどの情報から，担任している子どもたちにすすめたいと思う公募やイベントを紹介する。

② 概要を紹介し，電話番号やホームページアドレスなど，くわしい情報の入手先を紹介する。

③ 該当学年の教材と関連がある場合や，参加賞がある場合など，子どもたちに特にすすめたい公募については，くわしく紹介する。

④ 参加費や出品料が必要なものについては，原則として紹介しない。

もっと楽しむためのアイデア

- 個別にすすめたい公募がある場合も，通信で全体に知らせた上で，児童に声をかける。
- 自由公募の場合でも，作品を仕上げて提出した場合には，宿題の一部をしなくてもいいようにする。

公募情報（家庭から自由応募）　〇〇感想文コンクール

内容●児童文学者〇〇の児童文学を読んだ感想　　資格●小学3年～中学3年
規定●800字～1200字　ワープロ可　　　　　　　賞●最優秀賞は図書カード3万円分
発表●来年3月上旬　　　　　　　　　　　　　　締め切り●12月10日消印

くわしくは、担任に資料を請求するか、〇〇〇〇のホームページを参照してください。
おすすめポイント：郷土出身の児童文学者です。
おとくなポイント：提出者は、日記3回分パスできます。

公募情報（担任が希望者分を集めて応募）　メダカアートコンクール

内容●メダカがテーマのイラスト　　　　　　　　資格●小学生
規定●葉書サイズ　　　　　　　　　　　　　　　賞●最優秀賞は大型水槽セット
発表●来年2月上旬　　　　　　　　　　　　　　締め切り●11月20日消印

くわしくは、担任に資料を請求するか、〇〇〇〇のホームページを参照してください。
おすすめポイント：教室でメダカを観察しているので、ぜひ。葉書サイズの紙を配り
　　　　　　　　　ました！
おとくなポイント：提出者は、日記1回分パスできます。

6月13日　土曜日

県の無形文化財に指定されている

〇〇〇〇〇踊りが開催されます

14時から〇〇公園です

江戸時代から続く伝統芸能です
歴史を感じられますよ！

ミュージカル出演者募集中

　〇〇市、市政30周年の記念イベントでミュージカルを制作することになったそうです。5年生の出演者を男女5人ずつ募集しています。子どもたちには説明しました。オーディションがあります。くわしい資料が必要な方はご連絡ください。申し込み期限は6月10日で、直接事務局まで申し込むことになっています。

著者紹介

●蔵満逸司

1961年鹿児島生まれ。現在南さつま市立加世田小学校勤務。授業づくりネットワーク，日本LD学会などに所属。

著書に『子どもも保護者も愛読者にする小学校1・2・3年の楽しい学級通信のアイデア48』（黎明書房），『授業のアイデア1・2年』（ひまわり社），『奄美まるごと小百科』『奄美食紀行』『奄美もの知りクイズ350問』『鹿児島もの知りクイズ350問』（南方新社），『授業のツボがよくわかる算数の授業技術 高学年』（学事出版）がある。
編著に『やる気と集中力を持続させる算数の授業ミニネタ＆コツ101』（上條晴夫監修，学事出版），『楽しみながら思考力を鍛える小学校算数の学習ゲーム集』（上條晴夫氏との共編著，学事出版），共著に『42の出題パターンで楽しむ痛快社会科クイズ608』『クイズの出し方大辞典付き笑って楽しむ体育クイズ417』（共に中村健一氏との共著，黎明書房）がある。
出演DVDに『実践！ ミニネタアイディア集算数編2巻』『演劇・パフォーマンス系導入パターン』（ジャパンライム社）がある。

＊本文イラスト：伊東美貴

子どもも保護者も愛読者にする小学校4・5・6年の楽しい学級通信のアイデア48

2011年5月25日 初版発行

著 者	蔵 満 逸 司
発行者	武 馬 久 仁 裕
印 刷	株式会社 太洋社
製 本	株式会社 太洋社

発 行 所　　　　　　　　株式会社 黎明書房

〒460-0002 名古屋市中区丸の内3-6-27 EBSビル
☎052-962-3045　FAX 052-951-9065　振替・00880-1-59001
〒101-0051 東京連絡所・千代田区神田神保町1-32-2
南部ビル302号 ☎03-3268-3470

落丁本・乱丁本はお取替します。　　　ISBN 978-4-654-01856-7

Ⓒ I. Kuramitsu 2011，Printed in Japan

子どもも先生も思いっきり笑える **73のネタ大放出！** B6／94頁　1200円	中村健一著　教師のための携帯ブックス①／子どもの心をつかみ，子どもたちが安心して自分の力を発揮できる教室をつくる，クラスが盛り上がる楽しい73のネタ。秘密の数字／他。
思いっきり笑える **爆笑クラスの作り方12ヵ月** B6／94頁　1200円	中村健一編著　教師のための携帯ブックス⑥／クラスに一体感を生み出す，学級開きや遠足，学芸会，お楽しみ会など，「お笑い」の要素をふんだんに取り入れた行事を月別に紹介。
子どもも先生も思いっきり笑える **爆笑授業の作り方72** B6／94頁　1200円	中村健一編著　教師のための携帯ブックス⑧／現役教師たちが実践している，毎日の授業を楽しくするネタを，学習規律，授業の導入，展開，終末に分けて紹介。爆笑ネタが満載。
歴史壁面クイズで楽しく学ぼう ①縄文時代～平安時代／②鎌倉時代～江戸時代／③明治時代～平成（全3巻） B5／各79頁　各1700円	阿部隆幸・中村健一著　コピーして貼るだけ！歴史壁面クイズ201問（各巻67問）で楽しく知識の定着が図れます。教室の掲示物に活用でき，毎日貼りかえても1年使えます。
42の出題パターンで楽しむ **痛快社会科クイズ608** B6／93頁　1200円	蔵満逸司・中村健一著　教師のための携帯ブックス③／授業を盛り上げ，子どもたちを社会科のとりこにするクイズの愉快な出し方42種と608の社会科クイズを紹介。漢字暗号／他。
42の出題パターンで楽しむ **痛快理科クイズ660** B6／93頁　1200円	土作彰・中村健一著　教師のための携帯ブックス⑤／あっという間に子どもたちを授業に引き込む，クイズの愉快な出し方を42種と教科書内容を押さえた660の理科クイズを紹介。
クイズの出し方大辞典付き **笑って楽しむ体育クイズ417** B6／95頁　1200円	蔵満逸司・中村健一著　教師のための携帯ブックス⑦／サッカー，ドッジボールなどのスポーツのルールや，エイズ，インフルエンザなどの病気の基礎知識が身につく体育クイズを417紹介。
考える力を楽しく育てる **なぞなぞ＆学習クイズ85** B6／94頁　1200円	石田泰照・三宅輝聡著　教師のための携帯ブックス④／子どもの知的好奇心をくすぐる日本語，環境，歴史，宇宙，生き物等のクイズと楽しいなぞなぞ85。考える力が自然につきます。
教室でみんなと読みたい俳句85 B6／93頁　1300円	大井恒行著　教師のための携帯ブックス⑨／元気の出る俳句，胸にじんと来る俳句，戦争と平和の句など，子どもの心を豊かにする85の俳句を，解釈と鑑賞，作者のプロフィールと共に紹介。

表示価格は本体価格です。別途消費税がかかります。

基礎学力を養う **算数クイズ&パズル&ゲーム** 低学年／中学年／高学年（全3巻） 　　　　A5／178～182頁　各1700円	中山理他著　楽しみながら算数の基礎・基本が身につき，柔軟な思考力，算数のセンスがアップする傑作問題を収録。じどうしゃ レース（数の順序）／ことりは なんわ（表の見方）／他。
コピーして使える **楽しい算数クイズ&パズル&ゲーム** 低学年／中学年／高学年（全3巻） 　　　　B5／111～112頁　各1500円	中山理他著　名門私立小学校の現職教諭陣が執筆した，基礎学力をつけ，柔軟な思考力をのばす愉快な問題。なんじかな（時刻）／かがみに　うつそう（左右対称）／トマト数（たし算）／他。
知っているときっと役に立つ **食べ物クイズ110** 　　　　A5／126頁　1500円	石田泰照監修　朝倉貞子著　身近な食べ物の由来や調理のコツ，栄養の知識などが楽しく学べる三択式クイズ。千歳飴の始まりは／食べると頭がよくなる魚は／無洗米とは／他。
子どもの表現力を磨く **おもしろ国語道場** 　　　　A5／133頁　1700円	中村健一編著　なぞかけやダジャレ五・七・五，楽しい回文や言い間違いなど，子どもが喜ぶおもしろクイズとクイズの作り方を紹介。受け身では身につかない，表現する力を鍛えます。
野中信行が答える **若手教師のよくある悩み24** 　　　　A5／141頁　1800円	野中信行著　中村健一編　初任者指導教諭の著者が，若手教師の悩みに，実践に通じる具体的な手立てを交えて答える。メルマガ連載中から大人気の「若手教師の悩み」に加筆し書籍化。
失敗・苦労を成功に変える **教師のための成長術** 　－「観」と「技」を身につける 　　　　A5／123頁　1700円	長瀬拓也著　成長する教師は成功する。初任時代の苦難を乗り越える中からあみだした教師の成長術のノウハウを，図，イラストを交え公開。初任教師，若い教師必読！
教師のための時間術 　　　　四六／128頁　1400円	長瀬拓也著　仕事に追われ，学級経営や授業に悩む先生方に。時間の有効活用法をあみだし，仕事に追われる日々から自らを解放した著者の時間術。時間術の基本は「時間配分」／他。
教師のための整理術 　　　　四六／125頁　1400円	長瀬拓也著　学級づくりのための整理術，授業づくりのための整理術，実践や考えの整理術，ファイルやノートの整理術など，仕事をスムーズに運ぶための整理術を紹介。
仕事の成果を何倍にも高める **教師のノート術** 　　　　四六／148頁　1500円	大前暁政著　ノートを活用した授業細案の書き方，学級開きやイベントの計画の立て方，会議や研究会・セミナーでのノートの取り方など，仕事のスタイルに合わせたノート術を紹介。